मानव समाज के विभिन्न-क्षेत्रों में सभी मनुष्यों के विचार एक समान नहीं होते हैं-स्वतंत्रत भारत के निर्माण के लिए भारत-माता के कितने शूरवीरों ने हंसते-हंसते अपने प्राणों का उत्सर्ग किया था, उन्हीं महान शूरवीरों में 'अमर शहीद मदनलाल ढींगरा' का नाम स्वर्णाक्षरों में लिखे जाने योग्य हैं।

अमर शहीद मदनलाल ढींगरा महान देशभक्त, धर्मनिष्ठ क्रांतिकारी थे-वे भारत मां की आजादी के लिए जीवन-पर्यन्त संघर्ष करते रहे और देश की आजादी के लिए उन्होंने अनेकों प्रकार के कष्ट सहन किए परंतु अपने मार्ग से विचलित न हुए और स्वाधीनता प्राप्ति के लिए फांसी पर झूल गए। इस पुस्तक में अमर शहीद, महान क्रांतिकारी मदनलाल ढींगरा व ऊधमसिंह का विवरण प्रस्तुत है।

भारत के महान अमर क्रांतिकारी

मदनलाल ढींगरा
और
शहीद ऊधमसिंह

अवधेश कुमार चतुर्वेदी

डायमंड बुक्स

प्रकाशक : डायमंड पॉकेट बुक्स (प्रा.) लि.
X-30 ओखला इंडस्ट्रियल एरिया, फेज-II
नई दिल्ली-110020
फोन : 011-40712200
ई-मेल : wecare@diamondbooks.in
वेबसाइट : www.diamondbooks.in
संस्करण : 2025

Bharat ke Mahan Amar Krantikari Madanlal Dhingra Aur Shahid Udham Singh
By : Avdesh Kumar Chaturvedi

विषय सूची

प्रारंभ

हमारे प्यारे भारत देश की आजादी के लिए ना जाने कितने वीर भारतवासियों ने अपने प्राणों की बाजी लगी दी थी। उनमें से कितने नौजवान विद्यार्थी थे, उनका विवाह भी नहीं हुआ था सच कहा जाए तो उनके जीवन के इस उत्सर्ग के पीछे अपना कोई व्यक्तिगत लाभ नहीं था। सिर्फ भारत आजाद हो, गुलामी से मुक्ति मिले और अंग्रेज सरकार का खात्मा हो, यही उनका उद्देश्य था।

हमारी सरकार ने आजादी के इन दीवानों के लिए स्मारक बनवाए हैं। सड़कों, नगरों, मोहल्लों का नाम इन क्रान्तिकारियों के नाम पर रखे गए। गाहे बगाहे लोग इसी बहाने आजादी के इन दीवानों का नाम याद कर लेते हैं।

इसके बावजूद बहुत से क्रांतिकारी ऐसे हैं जिनके बारे में इतिहास मौन है। ना उनकी कभी जयंती मनाई जाती है, ना उनके नाम पर कोई ग्राम, सड़क, शहर वह मोहल्ले का कोई नाम रखा गया था। ऐसे क्रांतिकारियों के बारे में गोरखपुर में एक स्मारक बनाया गया है...जिस पर शिलालेख लगा है...उन शहीदों के नाम जिनका इतिहास में कभी कोई जिक्र नहीं होगा।

इन्हीं अनजाने क्रांतिकारियों में अमर शहीद मदनलाला ढींगरा भी एक हैं।

मदनलाल ढींगरा के कार्यकाल के दौरान भारत का उच्चकुलीन वर्ग अंग्रेज अधिकारियों की ठकुरसुहाती में अपना सर्वस्व लगा रहा था, अंग्रेज सरकार के एक इशारे पर देशी रजवाड़े गोरी सरकार के इशारे पर हर तरह का अत्याचार करने से नहीं चूक रहे थे। भारतीय जनता इस स्थिति में बड़ी उदास थी। उनका कोई भी ऐसा अगुआ नहीं था। जो कोई ठोस रास्ता उनके लिए सुझाता या किसी राजनीतिक संघर्ष की शुरुआत करता।

जो थोड़ी राजनीतिक हलचल थी भी वह सरकारी सुविधाएं पाने के लिए थीं। इन लोगों से किसी बड़े कार्य की आशा करना भी व्यर्थ ही था। बहुत से नौजवान कुछ कर गुजरने को उत्सुक थे भी तो उनके पास बहुत अल्प

साधन थे। उनको कोई सही राह दिखलाने वाला नहीं था। ये नौजवान देशवासियों को राहत देना चाहते थे। देश के लिए कुछ करने की और अपने प्राणों की बाजी लगाने वाले इन नौजवानों के लिए कोई सही रास्ता भी सस्ता नहीं था और कोई सही प्रणेता भी नहीं था।

मदनलाल ढींगरा उन नौजवानों में से एक थे जिन्होंने क्रांति का मार्ग तलाशने का प्रयास किया। उन्होंने किसी मार्ग की तलाश में स्वयं एक रास्ता न केवल खोजा बल्कि जनता के लिए नया मार्ग भी प्रशस्त किया।

ऐसे ही उत्साही वीर मदनलाल ढींगरा की यह जीवन गाथा प्रस्तुत है।

बचपन

अमर शहीद मदनलाल ढींगरा का जन्म कब और कहां हुआ था, यह आज भी खोज का विषय है। पर कुछ इतिहास लेखक यह मानते हैं कि संभवत: सन् 1887 के आस-पास पंजाब के किसी स्थान पर मदनलाल ढींगरा का जन्म हुआ होगा। वैसे संभावना तो यही है कि मदनलाल ढींगरा का जन्म अमृतसर शहर में ही हुआ हो क्योंकि सन् 1855 या 1856 तक मदनलाल ढींगरा का परिवार अमृतसर में आकर बस चुका था।

पंजाब यानी पांच पवित्र नदियों वाला प्रदेश, जहां प्राचीन काल से ही महान संत शूरवीर योद्धाओं ने जन्म लिया है। लगभग 450 वर्ष पूर्व इस्लाम़ के कारण जब हिन्दुत्व संकट में पड़ गया, उस समय हिन्दू धर्म की रक्षा करने के लिए हिन्दुओं में जन जागृति के लिए सिख पंथ की स्थापना हुई थी।

ऐसी महान धरती और रणबांकुरी कौम में अमर शहीद मदनलाल ढींगरा का जन्म हुआ था।

उ़स समय भारत में अंग्रेजों का राज्य था। अंग्रेजी हुकूमत ने इस तरह भारत के उच्च कुलीन परिवारों और राजे रजवाड़ों को इस कदर प्रभावित किया था कि वह अंग्रेजों को बिल्कुल अपना आका समझने लगे थे।

मदनलाल ढींगरा का परिवार भी इसी विचारधारा से प्रभावित था। यह परिवार पंजाब के सम्पन्न परिवारों में से एक था। उनके पिता राय साहब डॉ. दित्तामल पंजाब सिविल सर्विस के सदस्य थे और पंजाब के सिविल सर्जन के उच्च पद पर पहुंचे थे। डॉ. दित्तामल का उठना बैठना अंग्रेज उच्च अधिकारियों के साथ था। सच कहा जाए तो डॉ. दित्तामल जन्म से ही नहीं तथा कर्मों से तथा रहन-सहन से पूरे अंग्रेज थे। साहबी सूट-बूट, सिगार और अंग्रेजी भाषा से अगाध प्रेम। पर डॉ. दित्तामल की पत्नी मंतो बड़े ही धार्मिक संस्कारों को मानने वाली और विशुद्ध आचार वाली महिला थीं। हमेशा पूजा भजन में लीन रहती। घर में नौकर और खानसामों की मौजूदगी में वह अपना

सादा व शुद्ध शाकाहारी भोजन खुद अपने हाथों से बनातीं और रसोई के अन्दर बैठकर खातीं।

ऐसे धार्मिक संस्कार वाली महिला के पति डॉ. दित्तामल अंग्रेज-भक्त होने के साथ-साथ बहुत ही धन लोलुप थे। उन्होंने बहुत से मकान अमृतसर में खरीद लिए थे जो उन्होंने किराए पर उठा रखे थे। इसके अलावा खेत-खलिहान, दुकानें, गोदाम आदि जमीन-जायदाद उन्होंने अपनी कमाई से खरीद डाली थी।

ऐसे पिता के पुत्र थे मदनलाल ढींगरा, जिनके संस्कार अपने पिता के विचारों से बिल्कुल प्रतिकूल थे। मदनलाल ढींगरा बचपन से ही स्वतंत्रता संग्राम के शहीदों से बहुत ज्यादा प्रभावित थे। मंगल पांडेय उनके जन-नायक थे।

अपने बचपन में ही मदनलाल ढींगरा ने अपने पिता डॉ. साहब दित्तामल को अंग्रेज अफसरों, जजों, डिप्टी कमिश्नरों के साथ बहुत घुल-मिलकर रहते देखा था।

एक अंग्रेज डिप्टी कमिश्नर के पास एक बहुत सुन्दर अलसेसियन कुत्ता था। अंग्रेज साहब के सारे आदेश कुत्ते के लिए भी अंग्रेजी भाषा में ही होते थे, जिसे कुत्ता अच्छी तरह समझ लेता था।

एक बार डिप्टी कमिश्नर अपने साथ उस कुत्ते को लेकर सैर करने आया। डॉ. साहब दित्तामल ने उस अंग्रेज डिप्टी कमिश्नर को अपने घर एक कप चाय पीने बुला लिया। चाय के दौरान ही मदनलाल ढींगरा जो उस समय बहुत कम उम्र के ही थे, खेलते-खेलते उस कमरे में आ गए।

कमरे में ही कुत्ता बैठा हुआ था। अपने बचपने और जिज्ञासावश मदनलाल उस कुत्ते से हिन्दी में बोलते हुए प्यार करने लगे। कुत्ता गुर्राता रहा। उसने मदनलाल ढींगरा के इस स्नेह का कोई जवाब भी नहीं दिया, जिससे मदनलाल ढींगरा का बाल मन थोड़ा-सा क्षुब्ध हो गया।

अंग्रेज डिप्टी कमिश्नर ने हंसते हुए मदनलाल से कहा-"यह कुत्ता ऊंची अंग्रेज जाति का है इसलिए सिर्फ अंग्रेजी ही समझता है।"

क्षुब्ध मदनलाल ढींगरा के मुख से बसाख्ता निकल पड़ा-"अंग्रेजी भाषा ही कुत्तों की भाषा है।"

अंग्रेज डिप्टी कमिश्नर के हाथ से चाय का प्याला कांप गया, उसके चेहरे का रौब और रंग उतर गया, उसने इस बात को यह सोचकर हंसी में उड़ा दिया कि यह नासमझ बच्चा है। कुत्ते के दुर्व्यवहार से नाराज होकर इस तरह की भाषा का इस्तेमाल कर रहा है।

वह अंग्रेज अफसर राय साहब डॉ. दित्तामल को व उनके परिवार को काफी अच्छी तरह जानता था। इसके अलावा डॉ. दित्तामल की अंग्रेज भक्ति और प्रेम को भी अच्छी तरह जानता था, इसलिए उसने इस बात को एक भोले-भोले बालक की बाल-बुद्धि में कही गई बात के रूप में लिया।

पर डॉ. साहब दित्तामल की नजरों में मदनलाल ढींगरा ने उनका बहुत बड़ा अपमान किया था। उसने उनके घर आए एक अंग्रेज उच्चाधिकारी को कुत्ता कहा था। उसकी भाषा को कुत्ते की भाषा कही थी।

उन्होंने उसी समय बालक मदनलाल ढींगरा की बहुत बुरी तरह पिटाई की। उस अंग्रेज अफसर ने उन्हें रोका भी पर डॉ. साहब दित्तामल पर तो क्रोध का भूत सवार था। उन्हें अपने पुत्र पर हर तरह क्रोध आ रहा था। एक तरफ तो उनके बेटे ने घर आए अतिथि का अपमान किया, अंग्रेजी भाषा को अपमानित किया, अंग्रेजी जाति के कुत्ते का अपमान किया। वह उच्च कुलीन अंग्रेंज अफसर मन में क्या सोचेगा कि ऊपर से अंग्रेज भक्त दिखने वाला यह अफसर क्या दिल से सरकार विरोधी था। यही सब सोच-सोचकर डॉ. दित्तामल, बालक मदनलाल की पीटते रहे थे।

अंग्रेज अफसर के जाने के बाद पिता डॉ. दित्तामल ने मां मंतों को आदेश दिया कि आज दिन-भर व रात को मदनलाल को भोजन ना दिया जाए। मां मंतों ने उस समय कहा तो कुछ नहीं पर वह मन-ही-मन अपने विधर्मी पति से चिढ़ती थीं। उस समय अपने पुत्र को एक सड़े से कुत्ते के लिए पीटा जाना उन्हें जरा भी अच्छा नहीं लगा।

अपने बचपन की इस छोटी-सी घटना ने मदनलाल ढींगरा के मन में अंग्रेजों के प्रति नफरत की आग भर दी थी। उनके पिता डॉ. दित्तांमल भी उनको सारी जिदंगी एक स्नेही पिता के रूप में नहीं देखते रहे।

मदनलाल ढींगरा के परिवार में उनसे पांच बड़े और एक छोटा भाई व बहन भी थे। ढींगरा जाति पंजाब की प्रतिष्ठित जाति खत्रियों की प्रमुख और प्रतिष्ठित जाति थी।

अपने बचपन में ही अमर शहीद मदनलाल ढींगरा जिज्ञासु स्वभाव, संवेदनशील मन और अत्यंत परिष्कृत रुचियों के थे। उनका सोचने का ढंग पूरे परिवार, यार, दोस्तों से बिल्कुल अलग था।

इस तरह सद्‌गुणों, रुचि और प्रकृतियों ने उन्हें अमर शहीद बनने की प्रेरणा दी।

स्कूल में

मदनलाल ढींगरा को पढ़ाई-लिखाई के लिए अमृतसर के एक मिशन स्कूल में भर्ती कराया गया, जहां उनके कई भाई पहले पढ़ चुके थे और बाकी पढ़ रहे थे।

इस मिशन स्कूल का वातावरण भी पूरी तरह ईसाई धर्म पर आधारित था। मदनलाल ढींगरा बड़ी कुशाग्र बुद्धि के थे। वह अपने अध्यापक से तरह-तरह के सवाल पूछते थे। उनकी रुचि अपने स्कूल जीवन में ही विज्ञान विषय की ओर थी। इस कारण लगभग सारे सवाल वह विज्ञान को लेकर ही करते। कई बार ऐसी स्थिति भी आ जाती कि उनके प्रश्नों का जवाब उनके अध्यापक के पास भी नहीं होता था। अध्यापक के पास सिर्फ एक ही रास्ता होता कि मदनलाल को डांटकर चुप करा दें।

अमर शहीद मदनलाल ढींगरा के स्कूल में अक्सर अंग्रेज अफसर स्कूल का निरीक्षण करने आ जाते। जिस पर तरह-तरह की तैयारियां होतीं। यह अंग्रेज अफसर सूट-बूट से लैस होकर आते। सारे बच्चों को पंक्तिबद्ध खड़े होकर इन तथाकथित साहबों के सामने तरह-तरह की कवायदें करनी पड़ती तथा तरह-तरह के गीत सुनाने पड़ते, जिनमें ईसा मसीह की प्रार्थनाएं होतीं या ईसाई धर्म की विशेषताओं का वर्णन करना पड़ता।

इसके बावजूद मदनलाल ढींगरा देखते कि साहब चुरूट सुलगाए धूएं के बादल बनाते रहते। बच्चे थककर चूर हो जाते तब भी इन साहबों का मुंह जरा भी सीधा नहीं होता, भृकुटि चढ़ी रहती।

मिशन स्कूल के अध्यापक, अध्यापिकाएं इन स्कूल निरीक्षकों के सामने गुलामों की भांति ही मांगते रहते थे।

मदनलाल ढींगरा का मन यह सब देखकर खट्टा होने लगता। उनका मन होता इन साहबों का चुरुट छीनकर बुझा दें।

जबकि मदनलाल ढींगरा के बड़े भाई, साहबों के सामने कवायद कर या गाने सुनाकर बहुत प्रसन्न होते।

उनसे ज्यादा प्रसन्न डॉ. साहब दित्तामल होते। उनके बच्चे इतने चुस्त-दुरूस्त लगते हैं जिनकी कारगुजारियों से उनके अंग्रेज अध्यापक व अध्यापिकाएं तो प्रसन्न होते ही होते, स्कूल के अंग्रेज उच्चाधिकारी भी प्रसन्न होते।

ऐसे ही किसी स्कूल इंस्पेक्टर ने एक दिन बालक मदनलाल ढींगरा को एक फाइल बोर्ड पकड़ाते हुए उसे अपनी मोटर कार में रख आने का आदेश दिया। मदनलाल ढींगरा ने उस फ़ाइल बोर्ड को, उस इंस्पेक्टर को ही सौंपते हुए कहा "श्रीमान मैं इस स्कूल का विद्यार्थी हूं आपका अर्दली नहीं।" मदनलाल ढींगरा के इस स्पष्ट जवाब से उस इंस्पेक्टर ऑफ स्कूल का मुंह उतर गया। जहां सारे बच्चे इस तरह के इंस्पेक्टरों की सेवा को दौड़कर करना अपना सौभाग्य मानते वहां मदनलाल का यह मुंहफट जवाब उनके अध्यापकों के लिए एक खुली चेतावनी थी।

इसके बाद वही हुआ जिसका डर था। स्कूल के मुख्य अध्यापक ने डॉ. दित्तामल से मदनलाल ढींगरा की यह शिकायत कर दी।

डॉ. साहब दित्तामल, अपने पुत्र मदनलाल की इस हरकत से बिल्कुल ही आपे से बाहर हो गए....। वह मदनलाल की कसकर पिटाई करना चाहते थे पर हमेशा की तरह मंतो देवी ने अपने पुत्र का बचाव कर लिया।

डॉ. दित्तामल मन ही मन खून की घूंट पीते रहे। मदनलाल की पहली हरकत से ही उन्हें बहुत नाराजगी हुई थी। पर बाद में उन्होंने भी सोचा जो हुआ वह मदनलाल का बचपना था। पर अबकी बार की हरकत से उनकी समझ में यह बात अच्छी तरह आ गई कि उनके घर में एक अंग्रेज सरकार का दुश्मन जन्म ले चुका है।

वह अब मदनलाल ढींगरा पर कड़ी दृष्टि रखने लगे। तब तक मदनलाल ढींगरा के बड़े भाई डाक्टर और वकील बन गए थे और वह अपना सारा समय अंग्रेज अफसरों की चापलूसी में गुजारने लगे। दोनों भाई सारा समय अंग्रेजी सरकार को किसी तरह खुश करने की योजना बनाने में निकालते रहते।

इन दोनों बड़े भाइयों ने सरकार को खुश करने के लिए एक स्वास्थ्य संबंधी पत्रिका निकाली। जिसका नाम 'मिंटो हेल्थ पेम्पफ्लेट' था। तभी इनके एक रिश्तेदार पटियाला रियासत में मंत्री बन गए। पटियाला रियासत तब अंग्रेज परस्त रियासत थी। इस कारण इस रियासत में मंत्रीपद पाना बहुत ही इज्जत

की बात समझी जाती थी। दोनों बड़े भाई अपने इन दूर के रिश्तेदार के आगे पीछे डोलते रहते।

डॉ. दित्तामल ने कुछ दिनों के लिए मदनलाल ढींगरा को अपने इन रिश्तेदार के पास उनके ठाट-बाट देखने भेज दिया ताकि मदनलाल ढींगरा शायद उनके ठाट-बाट व रौब-दाब देखकर अंग्रेज रियासत के भक्त बन जाएं।

पर मदनलाल ढींगरा तो किसी अन्य मिट्टी के बने हुए थे। उन्हें ना तो पटियाला रियासत के अंग्रेज परास्त राजा भूपेन्द्र सिंह पसंद आए और ना ही उनके अपने वह रिश्तेदार जो उस रियासत के मंत्री थे।

राजा भूपेन्द्र सिंह अंग्रेजी ठाट-बाट से लैस और अंग्रेजी मदिरा और महिला के रस में डूबे रहते। दिन-भर क्रिकेट खेलते, शाम को टेनिस, पोलो और गोल्फ में समय गुजारते।

रियासत का कामकाज भ्रष्ट मंत्रियों के हाथ में था जो अपना घर भरने की दिशा में सोचते थे। ऐसे राज्य में गरीब प्रजा की हालत क्या हो सकती थी, इसकी कल्पना करना कोई कठिन कार्य नहीं हैं

प्रजा के ऊपर गरीब मार पड़ रही थी। उसे राजा की लतसनिया तो सहनी ही पड़ रही थी। अंग्रेज हुक्मरान और रियासत के अफसर इस मौके का फायदा उठाकर प्रजा पर तरह-तरह के अन्याय कर रहे थे।

प्रजा की इस तरह की दशा देख मदनलाल ढींगरा का संवेदनशील मन और अधिक दुःखी हो गया। अंग्रेज जाति, अंग्रेज सरकार के प्रति उनका मन घृणा व आक्रोश से भर गया था।

वह अपने रिश्तेदार के ठाट-बाट देखने आए थे। पर यह ठाट-बाट कितने खोखले थे। इन ठाट-बाट के पीछे कितने गरीबों की आहें, कितने मासूमों की चीत्कारें और कितनी विधवाओं और अनाथों के आंसू भरे होते हैं, इस बात का एहसास होने लगा था। उन्हें अपने इस प्रतिष्ठित रिश्तेदार से रिश्ता जोड़कर भी शर्म महसूस होने लगी।

उनका मन पटियाला रियासत में ज्यादा न लगा और वह अपने घर अमृतसर लौट आए, जहां आकर उन्हें असीम शांति मिली, सुख मिला।

पवित्र सरोवर का स्नान और स्वर्ण मंदिर से आता गुरुवाणी का पाठ, कभी जप जी साहब के अमृत बोल उन्हें इस कच्ची उम्र में असीम शांति देते।

कॉलेज में शिक्षा

स्कूल की शिक्षा के बाद मदनलाल ढींगरा, अमृतसर के गवर्नमेंट कॉलेज में आगे की शिखा के लिए भर्ती हुए। उनके सभी बड़े भाई और पिता दित्तामल कुछ उनसे ज्यादा प्रसन्न नहीं थे।

मदनलाल ढींगरा बाल्य अवस्था से ही उन्हें अंग्रेजों के सख्त खिलाफ दिखालाई देने लगे। उनके पास मंगल पांडेय का एक चित्र था, जिसे वह हमेशा पूजते रहते। रानी लक्ष्मीबाई की तो वह दुर्गा की भांति पूजा करते, एकटक दोनों चित्रों को देखते रहते।

पिता डॉ. दित्तामल उनके मन से इन स्वतंत्रता सेनानियों की तस्वीर निकालना चाहते थे। वह यह भी चाहते थे कि उनका पुत्र मदनलाल ढींगरा उनकी ही तरह दुनियादार बने, अपने बड़े भाइयों की तरह पढ़-लिखकर बड़ा डॉक्टर, वकील या इंजीनियर बने ताकि अच्छे सरकारी पद पर पहुंचे।

इसी कारण उन्होंने मदनलाल ढींगरा को पटियाला रियासत में रहने को भेजा था ताकि वहां की रियासत के अपने रिश्तेदार मंत्री के शानदान ठाट-बाट देखकर मदनलाल ढींगरा प्रभावित होंगे और अंग्रेजों के कृपा-पात्र बनने की कोशिश करेंगे।

पर मदनलाल ढींगरा तो किसी और ही मिट्टी के बने हुए थे। वह तो आजादी के दीवानों के भक्त थे और खुद-ब-खुद उनके मन में अंग्रेजों के प्रति सख्त नफरत हो गई थी।

अमृतसर राजकीय कॉलेज में शिक्षा के दौरान उनका साथ ऐसे छात्रों व अध्यापकों से हुआ जो मन ही मन क्रांतिकारी आंदोलन के समर्थक थे। गवर्नमेंट कॉलेज का वातावरण, मिशन स्कूल जैसा संकीर्ण नहीं था। वहां हर तरह के छात्र पढ़ते थे। मदनलाल खेलने और पढ़ने दोनों में ही तेज थे। बला के फुर्तीले, निडर और खुशमिजाज। हमेशा खुद हंसते रहते और दूसरों को भी

खूब हंसाते रहते। जितना दूसरों का मजाक उड़ाते उतने ही खुले मन से अपनी हंसी उड़ाते।

अपनी इस प्रवृत्ति के कारण अपने पूरे परिवार और कभी-कभी मित्रों की नजरों में उपेक्षा के पात्र बन जाते थे। उन्हें गैरजिम्मेदार समझा जाता था। अपनी इस आदत के कारणं एक बार सावरकर के हाथों उन्हें बहुत ज्यादा अपमानित होना पड़ा। बाद में सावरकर को इस गलती का अहसास हुआ और उन्होंने मदनलाल ढींगरा से अपने इस दुर्व्यवहार की क्षमा मांगी।

घर में उनका स्नेहपूर्ण संबंध मात्र अपनी मां से ही था। जो उन्हें बहुत स्नेह करती थीं। जिसके कारण डॉ. दित्तामल अप्रसन्न रहते थे।

कुछ समय बाद मदनलाल के सबसे बड़े भाई जो कि अंग्रेज जाति को बिल्कुल भगवान की तरह समझते थे और पूजते थे, डॉक्टरी पढ़ने इंग्लैंड चले गए। जहां पढ़ाई समाप्त कर बड़े भाई को इंग्लैंड का जीवन इतना भाया कि उन्होंने वहीं एक कांउटी में प्रेक्टिस खरीद ली और अपना विवाह कर लिया। विवाह भी अंग्रेज महिला से ही किया था।

पिता को पुत्र के इंग्लैंड में बस जाने का मन ही मन दु:ख भी था पर ऊपरी तौर पर गर्व भी था कि उनका एक पुत्र अंग्रेज लड़की को ब्याह इंग्लैंड में ही बस गया था। बाकि के भी सभी भाई अच्छे-अच्छे पदों की ओर बढ़ रहे थे। सिवाय मदनलाल के जो पढ़ने में तेज होते हुए भी अंग्रेज जाति व सरकार से ज्यादा प्रभावित नहीं थे।

अमृतसर गवर्नमेंट कॉलेज में पढ़ने के दौरान ही मदनलाल को सावरकर के संबंध में पता चला। वह उनसे मिलने को बहुत उत्सुक थे। पर सावरकर अपने संगठन अभिनव भारत के साथ सुदूर नासिक में सक्रिय थे इसलिए असंभव ही था। बाद में इंग्लैंड जाकर ही मदनलाल ढींगरा सावरकर से मिलने में सक्षम हो पाए। अपने अमृतसर गवर्नमेंट कॉलेज की शिक्षा के दौरान मदनलाल ढींगरा का संपर्क भले ही सावरकर जैसे क्रांतिकारियों से न हो सका हो पर अंग्रेजी सल्तनत की ओर उनका रुख उनके पिता की इच्छानुसार भक्ति की ओर ना बढ़ सका।

लिहाजा पिता ने चिढ़कर उनकी पढ़ाई गवर्नमेंट कॉलेज अमृतसर से छुड़ा दीं। डॉ. साहब दित्तामल ने अबकी बार उन्हें अमृतसर से दूर लाहौर के गवर्नमेंट

कॉलेज में भेजा ताकि मदनलाल का शैक्षिक वातावरण बदल जाए। उनके अंग्रेज सरकार विरोधी मित्र उनसे दूर हो जाएं। पर क्या कभी वातावरण बदलते ही चिड़िया चहचहाना छोड़ देती है। चातक ने क्या बरसात की बूंद के सिवाय किसी प्रकार का जल ग्रहण किया है...या हंस ने मोती चुगना छोड़कर बिस्कुट खाकर अपना पेट भरा है।

सच्चाई यह है कि इंसान कभी वातावरण के अनुकूल नहीं होता बल्कि इंसान वातावरण को अपने अनुकूल बनाने की क्षमता रखता है। जो खुद जैसा होता है वह अपने लिए वैसा ही साथी ढूंढ़ लेता है। शराबी को शराबी मिल जाता है। और जुआरी को बिना ढूंढ़े जुआरी मिल जाता है। साधु को हमेशा बिना ढूंढ़े साधु मिल जाता है।

इसी प्रकार डॉ. दित्तामल के लाख प्रयत्न करने पर भी मदनलाल अंग्रेज भक्त नहीं बन सके। उनको अमृतसर से भेजे जाने के बावजूद भी उन्हें वही मित्र मिल गए जो अंग्रेजों को अपना दुश्मन समझते थे। लाहौर के खुशनुमा वातावरण में मदनलाल का मन ना वेश्याओं की तरफ बदला ना आमोद-प्रमोद की ओर गया।

लाहौर में कई उदारवादी विचारधारा के अंग्रेज भी थे जो हिन्दुस्तानियों को किसी तरह का गुलाम नहीं समझते थे। बल्कि पढ़े लिखे हिन्दुस्तानियों को अपने बराबर के स्तर का ही समझते थे।

इस तरह के एक उदार सज्जन ओ. ब्राउन नामक एक रिटायर फौजी अफसर थे, जिनके यहां कई विद्यार्थी आते-जाते थे। मदनलाल भी ओ. ब्राउन के यहां आने-जाने लगे। एक दिन बातों ही बातों में ओ. ब्राउन ने न जाने मदनलाल में क्या देखा.....उन्होंने सब विद्यार्थियों को तो विदा कर दिया पर मदनलाल ढींगरा को भोजन करने के लिए रोक लिया।

भोजनोपरांत कॉफी पीते समय ओ ब्राउन ने मदनलाल को कूटनीति की लड़ाई लड़ने की शिक्षा दी। उसने कहा, पढ़-लिख कर अंग्रेज के बराबर पहले ज्ञान और बुद्धि-बल हासिल करो। फिर आक्रमण करो.....। बिना शिक्षा के सिद्धांतों की लड़ाई वैसी ही है जैसे बिना हथियारों के युद्ध-भूमि में जाना। मदनलाल ढींगरा की समझ में यह बात आ गई। बजाय इधर-उधर समय नष्ट करने के मन लगाकर पढ़ाई करने लगे।

जिसकी खबर उनके पिता तक जा पहुंची और पिता मन–ही–मन संतुष्ट हुए। उन्होंने अपने आप अपनी पीठ ठोकी जो उन्होंने इतना दूरदर्शी निर्णय लिया पुत्र का मन पढ़ाई–लिखाई की ओर लग गया। अब कॉलेज की पढ़ाई समाप्त होते ही उच्च शिक्षा के लिए पुत्र को इंग्लैंड भेजेंगे, यही सुखद सपना डॉ. साहब दित्तामल देख रहे थें।

विवाह

ओ. ब्राउन का लाहौर के अंग्रेजी समाज में कोई सम्मानजनक स्थान नहीं था। इसका कारण उनके यहां हमेशा लगा नौजवान हिन्दुस्तानी छात्रों का मेला था। ओ. ब्राउन की पत्नी उनसे उम्र में काफी कम थी। वह बड़े हंसमुख स्वभाव की, गीत, संगीत, नृत्य की रसिया थी। कॉलेज में उनका काफी आना-जाना था जिस कारण नौजवान लड़के-लड़कियां उनके घर में घुसे रहते थे। मिसेज ओ. ब्राउन के यहां हिन्दुस्तानी छात्रों का यह जमावाड़ा, अंग्रेज अफसरों को फूटी आंख नहीं सुहाता था।

दूसरे ओ. ब्राउन कुछ उदारवादी विचारधारा का समर्थक था। वह इस कारण अंग्रेज समाज से बहिष्कृत-सा था। कुछ अपने उदारवादी विचारों के कारण भी वह हिन्दुस्तानी नौजवानों में सर्वप्रिय था।

मदनलाल ढींगरा का ओ. ब्रान के यहां आना-जाना, उनके माता-पिता से भी छिपा नहीं रहा। डॉ. साहब दित्तामल पहले तो अपनी इस सफलता पर बहुत खुश हुए जो कि उन्होंने मदनलाल ढींगरा को अमृतसर से लाहौर भेजकर पाई थी। जबकि अमृतसर में मदनलाल ढींगरा अंग्रेजों के सख्त दुश्मन थे। वह किसी अंग्रेज को मुंह लगाना भी पसंद नहीं करते थे। उनके आराध्य देव तो मंगल पांडेय व लक्ष्मीबाई जैसे आजादी के दीवाने थे।

पर डॉ. साहब दित्तामल की प्रसन्नता ज्यादा दिन चल नहीं सकी। कुछ दिन बाद ही उन्हें मदनलाल ढींगरा के इस अंग्रेज मित्र ओ. ब्राउन व उसकी पत्नी के बारे में पता लगा, जब उनके सारे उत्साह पर पानी फिर गया।

अब पछताने से क्या फायदा, अपनी पत्नी मंतों की सलाह पर डॉ. साहब दित्तामल ने तुरंत ही मदनलाल ढींगरा को वापिस अमृतसर बुलाने का फैसला किया। पर संदेश पहुंचने के बावजूद मदनलाल ढींगरा वापिस अमृतसर नहीं पहुंचे। उन्होंने अपनी पढ़ाई लाहौर में ही जारी रखी जिससे क्रुद्ध होकर डॉक्टर

दित्तामल ने उनको रुपए पैसे भेजना बन्द कर दिया; जिससे मदनलाल ढींगरा अपनी पढ़ाई-लिखाई छोड़कर वापिस अमृतसर आ जाएं।

ओ. ब्राउन और उनके मित्रों ने उनकी भरसक सहायता की, पर मदनलाल ढींगरा ज्यादा दिन अपनी पढ़ाई जारी नहीं रख पाए।

कुछ समय तक मदनलाल ढींगरा अपने सगे चाचा के अधीन परिवहन सेवा विभाग में काम करते रहे। इस तथाकथित नौकरी का उद्देश्य भी किसी तरह अपनी पढ़ाई-लिखाई जारी रखना ही था।

जैसा कि प्राय: रिश्तेदारी में होता है उनके चाचा ने भी शुरू के दिनों में मदनलाल ढींगरा को पुत्रवत सम्मान दिया। नौकरी भी चलती रही और आगे की पढ़ाई-लिखाई भी चलती रही। पर धीरे-धीरे चाचा व चाची के व्यवहार में रूखापन आता गया। आपसी संबंधों की मधुरता में भी बुरी तरह कीड़े पड़ गए। आपस में रोज-रोज खिच-खिच होने लगी। स्वाभिमानी अमर शहीद ढींगरा को यह महसूस हुआ कि उनके चाचा-चाची में तनाव का कारण उनका वहां रहना है। वह लोग भी अब सोचने लगे थे कि जिसके मां-बाप उसे नहीं चाहते उसके चाचा व चाची किस कारण ऐसी संतान को अपने पुत्रवत पाले।

अपने आप ही मदनलाल ढींगरा ने चाचा व चाची के घर को छोड़ दिया। वह अपने कई परिचितों के पास नौकरी के लिए गए पर किसी ने उन्हें सहयोग नहीं दिया। हर व्यक्ति को ऐसा महसूस होता है कि कहीं उनके पिता उनसे नाराज ना हो जाएं। कुछ उनकी बात का मजाक उड़ाते कि इतने बड़े आदमी का पुत्र नौकरी करेगा......।

तभी किसी दोस्त ने मदनलाल को सूचित किया कि वह पंजाब सरकार के किसी भी विभाग में नौकरी क्यों नहीं कर लेते। आखिर सरकारी सेवा में बुराई क्या है। लिहाजा यही सब सोचकर मदनलाल ने पंजाब सरकार के अधीन कश्मीर सेटिलमेंट विभाग में नौकरी कर ली। विभाग अभी नया-नया खुला था। वहां पढ़े-लिखे आदमियों की बहुत आवश्यकता थी। मदनलाल को वहां का काम अच्छा लगा। सरकारी नौकरी थी, किसी प्रकार का अनावश्यक दबाव नंहीं था। किसी भी प्रकार की मानसिक घुटन नहीं थी। मदनलाल मन लगाकर अपना कार्य करते व घर में आराम करते। उनकी इच्छा थी कि जल्दी-से-जल्दी

ज्यादा से ज्यादा पैसे बचाकर इंग्लैंड जा सकें, जहां आगे की पढ़ाई कर वह अपने भाइयों व पिता की बराबरी कर सकें। इसके अलावा वह अपने पिता डॉक्टर दित्तामल को यह भी बताना चाहते थे कि उनकी आर्थिक सहायता के बिना भी कुछ करके दिखला सकते हैं। वह इतने कमजोर नहीं हैं जितना उनके पिता व भाई उन्हें समझते हैं।

पर कुछ दिन बाद ही मदनलाल ने देखा सरकारी विभाग में बड़ी पोल है। कोई भी काम मानवीयता या सही तथ्यों के आधार पर नहीं होता है। बल्कि सभी सरकारी काम सरकारी कारिंदों की दस्तूरी के आधार पर होते हैं।

मदनलाल ने यह सोचा शायद यह सारे गलत काम उनके वरिष्ठ अधिकारियों के अनजाने सम्पन्न हो रहे हैं, लिहाजा उन्होंने अपने उच्च अधिकारियों के पास सारा हाल पहुंचाया। पर उनके अधिकारी ने उन्हें अपने काम से काम रखने की सलाह दी।

मदनलाल के मन में यह बात खटक गई। वह समझते थे कि भ्रष्टाचार नीचे ही फैला है। उनके वरिष्ठ अधिकारी बहुत ईमानदार हैं। उन्हें इस संबंध में कोई जानकारी नहीं है पर अब उनके सामने सारी असलियत आ गई थी।

कुछ दिन बाद ही मदनलाल ढींगरा ने यह नौकरी भी छोड़ दी। महीनों घूमते-फिरते रास्ते-दर-रास्ते भटकते मदनलाल बम्बई पहुंचे, जहां एक पानी के जहाज पर मल्लाह हो गए।

काफी समय उन्होंने पानी के जहाज पर मल्लाह का कार्य किया। अपने इस मल्लाही काम में उन्हें बहुत मजा आने लगा। आस-पास के बंदरगाहों की संस्कृति, सभ्यता को देखने का मदनलाल ढींगरा को बहुत अच्छा मौका लगा। हर स्थान पर अंग्रेज सरकार के खिलाफ विद्रोह की भावना फैल रही थी। किसी-किसी हिस्से में तो बगावत की आग इस बुरी तरह फैली थी कि सरकार ने इन इलाकों को विद्रोही करार दे दिया था। वहां सभी जन सुविधाएं बन्द कर दी गई थीं।

मदनलाल ढींगरा को सरकार की यह हरकत बहुत नागवार गुजरी। पर इस विषय में वह क्या कर सकते थे। कुछ दिन बाद अचानक ही उनके पास अमृतसर से यह खबर आई कि उनकी मां मंतो बहुत बीमार है।

काफी समय से मदनलाल ढींगरा को अपने घर-परिवार से कोई संपर्क ही नहीं था। मां से मदनलाल को बहुत प्रेम था। उनके स्वास्थ्य की चिन्ता उन्हें बराबर लगी रहती थी। यह समाचार सुनकर उनका दिल बैठ गया। पैरों तले से जमीन खिसक गई।

उन्होंने उसी रात अपना थोड़ा बहुत सामान इकट्ठा किया। जहाज के मालिक को अपनी मां की बीमारी की खबर देकर उन्होंने छुट्टी मांग ली। वह पहली ही गाड़ी से अमृतसर रवाना हो गए। रास्ते-भर अपनी मां की दुश्चिंता में वह हड़बड़ाएं से रहे। अमृतसर ज्यों-ज्यों नजदीक आता जा रहा था उनका मन हवा की तरह उड़ने लगता। कहीं मां इस दुनिया से ही ना चली गई हों। मदनलाल ढींगरा प्रार्थना कर रहे थे कि हे भगवान मां को स्वस्थ रखें।

कांपते हुए मन के साथ मदनलाल अपने घर पहुंचे तो उनकी मां मंतो घर के दरवाजे पर खड़ी हुई थीं। मदन मां को स्वस्थ देखकर बहुत खुश हुए। मां भी अपने पुत्र मदन को इतने दिन बाद देखकर इतनी खुश हुई कि उसका वर्णन ही नहीं किया जा सकता था।

पिता व भाई भी इतने दिन बाद पुत्र को आया देखकर बहुत खुश तो नहीं थे पर बहुत दुखी भी नहीं थे। चंद दिन बाद ही मदनलाल को यह समाचार मिला कि माता-पिता ने उनका विवाह तय कर दिया है। शायद हर माता-पिता की तरह उनके माता-पिता भी यही सोचते थे कि शादी के बाद मदनलाल ढींगरा के जीवन में कुछ परिवर्तन आए। वह अपनी पत्नी के प्रभाव में शायद सीधी-साधी पारिवारिक जिंदगी जीने लगे। वह भी अपने घर के अन्य सदस्यों की तरह दुनियादार बन जाएं।

माता-पिता की इच्छा के अनुरूप चलते हुए आखिर मदनलाल थोड़ी बहुत ना-नुकुर के बाद विवाह के लिए तैयार हो गए।

मदनलाल ढींगरा का विवाह बड़ी शान के साथ अमृतसर में संपन्न हो गया। उनकी पत्नी बड़ी ही सुन्दर व शालीन, विनम्र और सेवाभावी थी। विवाह के बाद घर के लोग मदनलाल ढींगरा की पत्नी से बहुत संतुष्ट हो गए थे।

उन दिनों अमृतसर जो कि बहुत शांतिप्रिय स्थान माना जाता था, राजनीतिक गतिविधियों का केन्द्र बनने लगा था। क्रांतिकारियों की गतिविधियां अमृतसर में भी घर करने लगी थीं।

पंजाब उस समय घोर अशांति के दौर से गुजर रहा था। किसानों के बीच भी विद्रोह फैल रहा था। सरकार ने किसानों के ऊपर अतिरिक्त टैक्स लगा दिए थे। जमीन, पानी पर टैक्स बढ़ा दिए थे। अमृतसर और सारे पंजाब के किसान इस तरह के टैक्सों के खिलाफ हड़ताल की तैयारी कर रहे थे। अमृतसर जो शांति का केन्द्र बना हुआ था, इस समय विद्रोह की आग में बुरी तरह सुलग रहा था।

एक देश-प्रेमी और मानवतावादी के रूप में मदनलाल ढींगरा को यह स्थिति बहुत खराब महसूस हो रही थी।

इंग्लैंड यात्रा

विवाह के बाद मदनलाल ढींगरा की पारिवारिक जिम्मेदारियां बढ़ गईं। अपने खुद के खर्चे बढ़ गए, साथ ही पत्नी के व्यक्तिगत खर्चे भी बढ़ गए। मदनलाल के लिए यह आवश्यक था कि अब कुछ काम करें।

बचपन से ही उनका अपना सपना था कि वह पढ़ने के लिए इंग्लैंड जाएं। उनके पिता भी उन्हे इंग्लैंड भेजना चाहते थे पर उनकी अपनी कुछ अलग किस्म की शर्तें थीं। सबसे बड़ी शर्त यही थी कि मदनलाल अपना मन पढ़ने लिखने में लगाएं और अंग्रेज शासकों से बना कर रखें।

इन सब बातों से मदनलाल अपने पिता के सख्त खिलाफ थे। वह इंग्लैंड जाकर देश की उन्नति के लिए काम करना चाहते थे। अंग्रेज जाति के अत्याचारी कदमों से उन्हें सख्त नफरत थी। उनसे कोई व्यक्तिगत दुश्मनी नहीं थी।

फिर भी पिता के विचारों से क्रुद्ध होकर उन्होंने अपने पिता की कोई आर्थिक सहायता लेना पसंद नहीं किया था। काश्मीर की नौकरी वह पहले करके छोड़ चुंके थे। शिमला और कोल्का-टांगा मार्ग में उन्होंने जाकर काम करना शुरू कर दिया जिससे वह अपना तथा अपनी पत्नी का खर्चा पूरा कर सकें।

उन दिनों पंजाब प्रांत में जो कश्मीर तक फैला हुआ था राजनीतिक आंदोलन बड़ी ही तेजी से फैल रहा था। वैसे तो सारे भारत वर्ष में कांग्रेस असहयोग आंदोलन चला रही थी। उधर हमारे देश के तीन शेर, बाल गंगाधर तिलक, विपिन चंद्रपाल और लाला लाजपतराय सारे देश में स्वतंत्रता आंदोलन चला रहे थे।

लाला लाजपतराय जिन्हें आदरपूर्वक पंजाब केसरी की उपाधि से विभूषित किया गया। मदनलाल, लाला लाजपतराय से बहुत ज्यादा प्रभावित थे। वह

अमृतसर में कई बार लालाजी से मिले व उनसे मार्ग-दर्शन चाहा। लालाजी ने जो मदनलाल ढींगरा से 25 वर्ष बड़े थे और पुत्रवत् स्नेह रखते थे। वे पहले हमेशा अपनी पढ़ाई पूरी करने का आदेश देते थे।

मदनलाल ढींगरा ने लालाजी की सलाह पर अपनी पढ़ाई जारी रखी। लालाजी ने मदनलाल को यह भी बतलाया की स्वतंत्रता कोई भीख या मांगने से मिलने वाली वस्तु नहीं है। इसके लिए कड़ा संघर्ष करना पड़ता है। इस स्वतंत्रता प्राप्ति के लिए देश-विदेश से संपर्क भी आवश्यक है। लालाजी ने मदनलाल ढींगरा से विदेश में संपर्क बनाए रखने की सलाह दी।

उन्होंने स्वयं भी विदेशों में चल रहे स्वाधीनता आंदोलन व मजदूर आंदोलन से संपर्क बनाए रखा व उनके साथ पूरा तालमेल बनाए रखा, जिससे सारे विश्व का जनमत भारत के स्वतंत्रता आंदोलन के साथ हो गया। सारे विश्व की सद्भावनाएं भारत की स्वतंत्रता के साथ जुड़ गईं।

मदनलाल ढींगरा का पत्र व्यवहार विनायक सावरकर से भी चलता रहता था। विनायक सावरकर उन दिनों नासिक में रहते थे। उनकी किशोर अवस्था में सन् 1883 में प्लेग की बीमारी फैली थी। उस साल ही रानी विक्टोरिया के राज्यारोहण की तैयारी चल रही थी। यह राज्यारोहण एक स्वर्णोत्सव के रूप में मनाया जा रहा था। सारे भारतवर्ष में बड़ी खुशियां मनाई जा रही थीं व बड़े ही वैभव के साथ मनाई जा रही थीं। एक ओर महाराष्ट्र में प्लेग की बीमारी बड़े ही भयंकर रूप में फैली हुई थी। लोक मक्खी, मच्छरों की तरह मर रहे थे। जहां देखो वहीं मृत्यु का तांडव नृत्य दिखलाई पड़ रहा था। ऐसी विकट स्थिति में महाराष्ट्र की उपेक्षा कर खुशियां मनाना जले में नमक छिड़कना था।

सत्ताधिकारियों यानी अंग्रेजों को जबरदस्ती उकसाने वाली इस हरकत के कारण, पूना के दो नौजवानों चाफेकर बंधुओं ने एक अंग्रेज उच्चाधिकारी को मौत के घाट उतार दिया। अंग्रेज सरकार ने इन दोनों भाइयों को फांसी की सजा दी। चाफेकर बंधुओं के इस अद्भुत साहस ने सारे देश के युवा समाज को बहुत ज्यादा प्रभावित किया।

विनायक सावरकर ने चाफेकर बंधुओं के बलिदान से प्रभावित होकर एक लम्बी कविता लिखी, जिसके अंतिम अंश इस प्रकार हैं-...."अपने प्रारंभ

किया कार्य बीच में ही बंद होगा ऐसी शंका मत रखो।

उसे आगे चलाने के लिए हम हैं, आप निश्चित रहें।"

केवल कविता लिख कर ही विनायक सावरकर खामोश नहीं बैठे। उन्होंने अपनी कुल देवी अष्ट भुजा दुर्गामाता के समक्ष प्रतिज्ञा की कि वह हमेशा देश की स्वतंत्रता प्राप्ति के लिए सशस्त्र क्रांति का ध्वज फहरा कर और प्राणों की बाजी लगाकर संघर्ष करेंगे।

अपनी स्कूल की शिक्षा के दौरान विनायक सावरकर ने मित्र मेला नामक संस्था को जन्म दिया। इस संस्था के अंतरगत व्यायामशाला चलाना, सार्वजनिक गणेशोत्सव व शिवाजी जयंती का आयोजन करते। इन आयोजनों में देशभक्ति के गीत गाए जाते। शिवाजी, तानाजी, वासुदेव बलवंत फड़के आदि के जीवन चरित्र विनायक बड़े मार्मिक स्वर में बतलाते। उस समय किशोर विद्यार्थियों में स्वाभिमान जगाने का स्फूर्ति केंद्र सावरकर की संस्था मित्र मेला थी।

सन् 1899 का साल सावरकर के लिए दुर्भाग्य का साल रहा। उनके पिता का अचानक स्वर्गवास हो गया। परिवार का सारा दायित्व उनके बड़े भाई गणेश पर आ गया। चंद दिन बाद गणेश व विनायक अपनी बहन के साथ पैतृक गांव लगूर को छोड़कर नासिक आ गए।

कुछ समय बाद गणेश का विवाह यशोदा नामक कन्या से हो गया। गणेश तथा यशोदा ने विनायक, नारायण व मैना का लालन-पालन पुत्रवत् किया। विनायक ने भी यशोदा को सदा मां के रूप में ही देखा।

गांव की पढ़ाई समाप्त कर, विनायक पूना के फर्गुसन कॉलेज में शिक्षा प्राप्त करने आए। उसी दौरान भाई साहब चिपलूणकर की पुत्री यमुना के साथ विनायक का विवाह संपन्न हो गया। विनायक ने फर्गुसन महाविद्यालय में भी अपनी संस्था मित्र मेला को आगे बढ़ाने का निश्चय किया। सबसे पहले उन्होंने महाविद्यालय के वसति गृह के भोजन कक्ष में वीर शिवाजी का बड़ा-सा चित्र टांगा। जहां प्रतिदिन शिवाजी का स्तवन; विजयगढ़, सिंहगढ़ की यात्रा, शिवाजी स्मरण होता।

गर्मियों की छुट्टी में नासिक में सावरकर के मित्रों का सम्मिलन हुआ। गणेश तथा विनायक अपने मित्रों के साथ मिलकर देश की स्वतंत्रता के लिए कई योजनाए बनाई, कई तरह का हिसाब लगाकर खुद के रक्त से आपस में

एक दूसरे के माथे पर तिलक किये। स्वतंत्रता प्राप्ति के लिए सशस्त्र क्रांति का कंकड़ बांधा उन्होंने उस संगठन को 'अभिनव भारत' नाम दिया था।

'अभिनव भारत' का काम तीव्र गति से आगे बढ़ रहा था। इसी समय बंग-भंग का विरोध प्रदर्शन के लिए सभाओं का आयोजन हुआ, जलुस निकाले गये। सार्वजनिक स्थानों में विदेशी कपड़ों को जलाया जाने लगा। जगह-जगह विदेशी वस्त्रों की होली जलती देखकर, एक दिन लोकमान्य बालगंगाधर तिलक ने कहा. . . हिन्दुस्तान में उठी यह अंग्रेजों के विरुद्ध प्रथम चिंगारी है। इसकी दाहकता थोड़े ही दिनों में इंग्लैंड जा पहुंचेगी।

विदेशी वस्त्रें की होली जलाये जाने के कारण सावरकर को फर्गुसन महाविद्यालय के वसति गृह से निकाल दिया गया। पर उन्होंने अपने मित्रों के घर रहकर अपनी शिक्षा पूरी की। अपनी शिक्षा उन्होंने उच्चतम अंक प्राप्त कर उत्तीर्ण की। इसके बाद सावरकर ने बम्बई में वकालत प्रारम्भ कर दी। इसके अलावा वह समाचार पत्रों में पत्र लिखते रहे।

इस सारे दौर में मदनलाल ढींगरा और सावरकर के बीच में पत्र व्यवहार चलता रहा। लंदन में श्यामजी कृष्ण ने इंडिया हाउस की स्थापना की।

लंदन के इंडिया हाउस ने भारत के स्वतंत्रता-संग्राम को खुले रूप में प्रोत्साहित करने का निश्चय किया। इसका प्रचार राष्ट्रीय और अंतरराष्ट्रीय समाचार पत्रों में हुआ। सावरकर इस समाचार से अभिभूत थे ही, तभी इंडिया हाऊस ने इंग्लैंड में उच्च शिक्षा के लिए शोध छात्रवृति की घोषणा की। सावरकर ने तुरंत अपना प्रार्थना-पत्र भेज दिया जो तुरंत स्वीकृत हो गया। विनायक सावरकर सन् 1906 में इंग्लैंड रवाना हो गये।

इंडिया हाऊस के कृत्यों की सारी सूचनायें मदनलाल ढींगरा तक जा पहुंची। सावरकर के इंग्लैंड रवाना होते ही उन्हें भी इंग्लैण्ड जाने की धुन सवार हो गई। तब तक वह एक पुत्र के पिता भी बन चुके थे। पत्नी और पुत्र की जिम्मेदारी उनके सिर पर थी। पर इस सारी पूंजी समेट कर मदनलाल ढींगरा भी 1906 के आस-पास पानी के जहाज में खलासी की नौकरी करते हुए सीधे इंग्लैंड जा पहुंचे। इंग्लैंड पहुंचने में उन्हें तीन-चार माह का समय लग गया। जहां उनके इंतजार में उनका भविष्य अपनी पंखुड़ियां खोलने को आतुर था।

सावरकर से मुलाकात

सन् 1906 के अक्तूबर माह में, मदनलाल ढींगरा तीन माह की यात्रा के बाद इंग्लैंड जा पहुंचे। इतनी लम्बी समुद्री यात्रा, वह भी मालवाही व्यापारिक जहाज से जिसमें जगह-जगह के लोगों, संस्कृतियों को देखने का अवसर मदनलाल ढींगरा को मिला था। इससे वह अच्छे खासे प्रसन्न थे।

इंग्लैंड के मौसम में अक्तूबर का महीना अच्छा माना जाता है। उस समय बहुत हलकी सर्दी पड़ती है व खूब खुलकर चमकीली धुप निकलती है, जो कि इंग्लैंड में एक अपवाद ही मानी जाती है। चारों ओर वृक्ष तरह-तरह के फूलों और फलों से लदे हुए होते है। इन दिनों ही सारे इंग्लैंड और खास कर लंदन में बड़े जोर-शोर से ईस्टर का त्यौहार मनाये जाने की तैयारी हो रही होती है। ऐसे सुखद अवसर पर अपनी लम्बी समुद्री यात्रा से थके-हारे मदनलाल ढींगरा लंदन जा पहुंचे।

इंग्लैंड पहुंच कर मदनलाल ढींगरा बहुत प्रसन्न हुए। लम्बी यात्रा के बाद जैसे पंछी अपने पंख फड़फड़ाकर मुक्त महसूस करता है वैसी ही प्रसन्नता इस समय मदनलाल ढींगरा को महसूस हो रही थी। वे अब गुलाम भारत से मुक्ति पाकर इंग्लैंड की स्वतन्त्र धरती पर आ गये। अपने बचफ्न से ही मदनलाल ढींगरा इंग्लैंड में शिक्षा प्राप्त करने का सुन्दर सपना देख रहे थे।

अब बरसों की मेहनत रंग लाई थी। इंग्लैंड आ पहुंचे थे। इंग्लैंड की राजधानी लंदन के इंजीनियरिंग कॉलेज में मदनलाल ढींगरा ने प्रवेश ले लिया। रास्ते में आते-जाते वह बहुत-सा धन कमा लाये थे। कोल्का- टांगा और शिमला की सरकारी नौकरी में भी बहुत-सा धन कमाया था, जिसे अब जाकर खर्च करने का अवसर आया था। लंदन में आकर उन्होंने बढ़िया सूट सिलाये, टाइयां खरीदीं।

नई फैशन के बाल कटवाए। इत्र, तेल, फुलैल और क्रीम पाउडर खरीदे। रोज घंटों ड्रेसिंग टेबिल के सामने बैठकर अपना मेकअप करते और

बनाव-सिंगार के बाद सज-धज कर, शाम के समय लंदन की सड़कों पर दूर-दूर तक काफी देर रात गए तक घूमते रहते।

लंदन के आमोद-प्रमोद के स्थलों पिकेडली सर्कल सोहो आदि का मदनलाल ढींगरा में भरपूर आनन्द उठाया। लंदन के संक्षिप्त प्रवास में ही मदनलाल ढींगरा ने बहुत से लड़के-लड़कियों से मित्रता कायम कर ली थी, जिनके साथ घूमना-फिरना मदनलाल ढींगरा को बहुत पसन्द था।

श्री विनायक दामोदर सावरकर भी सन् 1906 में ही इंग्लैंड उच्च शिक्षा प्राप्त करने पहुंचे थे। विनायक सावरकर को इंडिया हाऊस से छात्रवृति मिली थी। इसलिए सावरकर ने अपना ठिकाना लंदन में बनाया था।

सावरकर ने भारत से शिक्षा प्राप्त करने आये विद्यार्थियों को इकट्ठा करना प्रारम्भ कर दिया। भारत के विद्यार्थी इंडिया हाऊस में एकत्र होने लगे थे, जिन्हें सावरकर स्वदेश प्रेम का उपदेश देते। भारत की गुलामी की दयनीय अवस्था का कच्चा हाल सुनाते. . . । सावरकर कहते, "अपनी माता यानी भारत माता को अंग्रेज पैरों तले रौंद रहे हैं। वह इस समय भयंकर कष्ट में है। कराह रही है। उस भारत मां के हम पुत्रों का यह धर्म है कि हम उसे अमानवीय पिशाचों के शिकंजों से मुक्त करें। हम सब एक हो जायें और काम करें तो हमारा यह विश्वास है कि मातृभूमि की स्वतन्त्रता प्राप्त करने में अवश्य ही सफलता मिलेगी। परन्तु इसके लिए यह भी जरूरी है कि हमें किसी भी बात का सामना करने के लिए यह तैयार रहना होगा, अपने प्राण न्योछावर करने की भी सिद्धता होगी. . . । इस प्रकार के विचारों से उन्होंने लंदन के शानोशौकत में पले भारतीय नौजवानों को वह अपने देश की दु:खद स्थिति के बारे में बतलाते और उन्हें शूरवीर व राष्ट्रभक्त होने का संदेश देते।

इस तरह इंडिया हाऊस धीरे-धीरे देश भक्त आजादी के दीवानों का अड्डा बन गया। आने वालों में ज्यादातर नौजवान युवक-युवतियां होते।

मदनलाल ढींगरा लंदन में रहते हुए सावरकर के नाम से अपरिचित ना रहे। सावरकर के विषय में वह भारत में काफी सुन चुके थे। उनसे थोड़ा पत्र व्यवहार भी हुआ था। पर उस समय सावरकर का कार्य-क्षेत्र पूना का फर्ग्युसन कॉलेज या नासिक शहर ही था। जबकि मदनलाल ढींगरा अमृतसर, कश्मीर या शिमला तक सीमित थे। मदनलाल ढींगरा सावरकर की तरह गम्भीर चिन्तक

भी नहीं थे। बल्कि वह तो खुशमिजाज हंसी-मजाक में मस्त रहने वाले व्यक्ति थे। अंग्रेज सरकार का हिन्दुस्तान को गुलाम बनाना उन्हें रास नहीं आया था। पर इसके लिए उन्होंने कोई ठोस योजना नहीं बनाई थी। ना ऐसे किसी व्यक्ति विशेष परिचय था। उन्होंने तो पंजाब केसरी लाला लाजपतराय के ऊंचे विचार सुने-भर थे।

सावरकर और मदनलाल ढींगरा हर तरह से एक दूसरे से विपरीत थे। स्वभाव में रहन-सहन में, विचारों में दोनों ही एक दूसरों से उत्तर-दक्षिण थे। एक गम्भीर स्वभाव का सादे जीवन उच्च विचारों का उदाहरण था तो दूसरा श्रृंगार का शौकीन, फैशनेबिल और इत्र फुलैल से रचा मचा। जिसके जीवन में ना कोई सिद्धांत थे ना ही कोई परिपक्व विचारधारा।

इस तरह के विपरित ध्रुवों के स्वामी एक दूसरे से एक दिन टकरा ही गये।

मदनलाल ढींगरा के कानों तक भी इंडिया हाऊस के क्रिया-कलापों की सूचना पहुंच गई। म्दनलाल ढींगरा उसी समय घुमते-फिरते सीधे इंडिया हाऊस जा पहुंचे। वहां उस समय भी श्री विनायक दामोदर सावरकर का ओजस्वी भाषण हो रहा था। वहां ना जाने कितने लोग इस भाषण को बड़ी तन्मयता से सुन रहे थे। मदनलाल ढींगरा भी चुपाचाप पीछे की पंक्ति में बैठ गये।

सावरकर ने बड़ी मार्मिक भाषा में भारत की दयनीयता व दुर्दशा का वर्णन किया, जिसे सुनकर सारे लोग स्तब्ध रह गए। मदनलाल ढींगरा ने यह भाषण सुना तो जहां दु:ख से आंखें भीग गई वही उनका खून अंग्रेजों के अत्याचारों के काले कारनामों के वर्णन को सुनकर खौल पड़ा। उनके लिए अब चुप बैठना असंभव हो गया। वह उठकर खड़े हो गए और उसी समय अंग्रेजों को ईट का जवाब पत्थर से देने का नारा लगाने लगे।

सावरकर का भाषण बीच में ही रुक गया। बाकी के श्रोता भी जैसे सोते से जाग गये । वह सब स्तब्ध से मदनलाल ढींगरा के जोश से भरे नारों से जैसे जाग गये।

मदनलाल ढींगरा के जोशो-खरोश से इंडिया हाऊस में उपस्थित भारतीय विद्यार्थियों में उत्साह भर दिया। मदनलाल उन सबकी नजरों में हीरो का स्थान पा गए। वह सब तो मूक श्रोता थे पर मदनलाल ढींगरा तो जैसे प्रतिहिंसा की

आग में उद्विग्न सच्चे भारतीय थे। सच्चे सपूत थे जो अपनी भारत माता की दुर्दशा की परिकल्पना में कुछ भी कर सकते थे। कहीं तक जा सकते थे। वह मूक साधक नहीं, बल्कि कर्तव्य की चरम परणीति थे।

मदनलाल ढींगरा दौड़कर सावरकर के चरणों में गिर पड़े। सावरकर उस समय से ही उनके सम्राट बन गए थे। मदन लाल ढींगरा उनके पुजारी थे। अब तो उन्होंने सावरकर के विषय में वहीं सुना-भर ही था। उनसे एकाध बार पत्र व्यवहार हुआ था। आज वही सावरकर उनके सामने थे। उन्होंने तो सावरकर को सच्चे मन से अपना नेता, अपना गुरु मान लिया था।

पर सावरकर, मदनलाल ढींगरा से मिलकर उतने प्रसन्न नहीं थे। सावरकर गम्भीर प्रकृति के, सिद्धांतवादी, राष्ट्रीय विचारधारा से प्रभावित व्यक्ति थे। वह जानते थे, आजादी का रास्ता लम्बा भी है, कठिन भी है। वहां जोश के साथ होश की भी आवश्यकता पड़ती है। इसलिए आजादी की लड़ाई के लिए धीर गम्भीर व्यक्ति होना चाहिए। मदनलाल ढींगरा जैसा क्षण में ही उबल जाने वाला नवयुवक नहीं। इस उतावलेपन के कारण सावरकर मदनलाल ढींगरा से मिलकर जरा भी प्रसन्न नहीं हुए। ऊपरी मन से तो उन्होंने मदनलाल ढींगरा को सराहा पर मन में मदनलाल की उच्छृंखलता उन्हें खल गई।

मदन लाल ढींगरा से भी यह बात छिपी नही रह सकी। वह अपना स्वभाव एक क्षण में कैसे बदल सकते है। वह जानते थे उनकी सच्चाई सावरकर को एक ना एक दिन अवश्य ही प्रभावित कर देगी।

पंजाब केसरी लाला लाजपतराय से मुलाकात

सावरकर से पहली ही मुलाकात में, मदनलाल ढींगरा उनसे बहुत ज्यादा प्रभावित हुए थे। लगभग रोज ही मदनलाल ढींगरा इंडिया हाऊस जाने लगे, जहां इण्डिया हाऊस के संस्थापक श्यामजी कृष्ण वर्मा जो कि प्रसिद्ध क्रांतिकारी थे व श्री विनायक सावरकर से प्रतिदिन मुलाकात होने लगी।

इंडिया हाऊस में प्रतिदिन ओजस्वी भाषण होते। देश-विदेश की राजनीति की चर्चा होती। क्रांतिकारी नेताओं की स्थिति पर चर्चा होती।

इन्हीं दिनों पंजाब केसरी लाजपतराय, इंग्लैंड की यात्रा पर आए जहां उन्होंने लंदन के भारतीय छात्रों को इंडिया हाऊस में सम्बोधित किया। इसके अलावा लाला लाजपतराय से, मदनलाल ढींगरा की लंदन में ही व्यक्तिगत मुलाकात हुई। मदन, पंजाब केसरी लाला लाजपतराय के राष्ट्रीय विचारों से बहुत ज्यादा प्रभावित हुए थे।

अब धीरे-धीरे मदनलाल ढींगरा राजनीतिक आंदोलनों की ओर मुड़ रहे थे। इंजीनियरिंग पढ़ने के साथ-साथ राजनीतिक विषयों का अध्ययन भी करने लगे।

पंजाब केसरी लाला लाजपतराय ने कहा, "हमारे देश के नौजवानों को भारतीय स्वतंत्रता के वृक्ष को सींचने के लिए अपना खून देना होगा।"

लालाजी की लंदन यात्रा के बाद, सावरकर ने अपनी गतिविधियों का केन्द्र पेरिस बना लिया। सावरकर की विचारधारा से प्रभावित होकर मदनलाल ढींगरा, धीरे-धीरे उनकी ओर मुड़ रहे थे।

इधर हिन्दुस्तान में मदन के माता-पिता को उनके इस तरह अचानक गायब होने से बहुत चिंता हो रही थी। उन्होंने आस-पास के जानकारों से मदनलाल के संबंध में पूछताछ की।

मदनलाल ढींगरा के पितां डॉ. साहब दित्तामल को यह सूचना मिली कि मदनलाल ढींगरा तो लंदन जा पहुंचे हैं, जहां वह इंजीनियरिंग की पढ़ाई कर रहे हैं डॉ. साहब को जहां इस सूचना से मन को शांति मिली वहां मां मंतो को और चिंता होने लगी। घर में इतना रुपया पैसा होते हुए, उनका लाड़ला बेटा मदनलाल घर से बिना एक पैसा लिए, कपड़े लत्ते, साजो-सामान लिए इस तरह सात समुद्र पार लंदन भाग गया। यह मां के दिल को किसी भी तरह गवारा नहीं दे रहा था।

मदन के एक भाई इंग्लैंड थे ही, डॉक्टर थे। मां ने उन तक सूचना भिजवाई ताकि मदन की खैर खबर उन तक आ पहुंचे। पर उन भाई की पत्नी भी अंग्रेज थी। भाई लंदन में रहते हुए खुद भी पूरी तरह संवेदनशीलता से दूर हो चुके थे। वह अपने माता-पिता को ही जरा भी घास नहीं डालते थे, तब उनके लिए भाई क्या चीज थी।

उनके तथाकथित उन बड़े भाई ने ना तो मदनलाल की कोई खोजबीन की और ना ही माता-पिता को कोई सूचना ही भेजी। मदनलाल के एक अन्य छोटे भाई कुन्दनलाल जो बहुत प्रसिद्ध व्यवसायी और उद्योगपति थे, उनके मित्रों से यह सूचना मिल गई कि उनके भाई मदनलाल ढींगरा इस समय लंदन के इंजीनियरिंग कॉलेज में पढ़ रहे थे।

पूरा घर यह सूचना प्राप्त कर बहुत ज्यादा प्रसन्न हुआ। पर उनकी यह प्रसन्ता बहुत क्षणिक थी। मदनलाल ढींगरा के इण्डिया हाऊस आने-जाने कीं सूचना भी उनके शुभचितंकों ने उनके माता-पिता तक पहुंचा दी।

सन् 1908 के आस-पास ही सावरकर ने पूरे लंदन में 1857 के स्वतंत्रता आंदोलन की 50वीं सालगिरह मनाने का निश्चय किया।

इस संबंध में सारे लंदन के भारतीय छात्र पूरे तन-मन से इंडिया हाऊस में होने वाले समारोह में सम्मिलित हुए, जाहं राष्ट्र भक्ति की कविता में ओजस्वी भाषण दिए गए। मदनलाल ढींगरा इस सारे समारोह में तन-मन से जुटे हुए थे।

इस समारोह में ही श्री विनायक सावरकर की मराठी पुस्तक 'स्वातंत्र्य समर' का हिन्दी अनुवाद, जो लंदन में ही प्रकाशित हुआ था, का विमोचन

किया गया। मदनलाल ढींगरा ने इस पुस्तक को वहीं बैठे आद्योपान्त पढ़ डाला। उस दिन से 'स्वातंत्र्य समर' उनकी जान से भी ज्यादा प्रिय पुस्तक बन गई जिसे वह सदा अपने सीने से लगाकर रखते।

इस समारोह की याद को बनाए रखने के लिए '1857 स्मारक' बिल्ले बनाए गए थे। सारे विद्यार्थियों ने यह बिल्ले अपने सीने पर लगाए हुए थे। मदनलाल ढींगरा ने भी यह बिल्ला बड़े गर्व से अपने सीने पर लगा लिया।

अंग्रेज विद्यार्थी, इस समारोह से बुरी तरह चिढ़ गए थे। इन अंग्रेज विद्यार्थियों में कुछ विद्यार्थी ऐसे भी थे जो यह समझते थे कि अंग्रेज जाति बहुत ही उच्च जाति है। इनका जन्म ही सारे संसार में राज्य करने के लिए हुआ है। भारतीय लोग अपने देश में भी शासन करने के काबिल नहीं है। यह लोग जरा भी योग्यता नहीं रखते हैं।

इन अंग्रेजों में कुछ ऐसे भी समझदार और उदार अंग्रेज भी थे जो भारतीयों की विद्वत्ता की बहुत कदर करते थे। इन अंग्रेजों में ऐसे भी कुछ अंग्रेज थे जो भारत की आजादी के समर्थक थे। फिर भी अधिकांश संख्या उन अंग्रेजों की थी जो यह मानते थे कि भारत का नेतृत्व वही कर सकते हैं।

जब भारतीय विद्यार्थी अपनी कक्षाओं में '1857 स्मारक' बिल्ले लगाकर गए तब वहां के अंग्रेज विद्यार्थी भारतीय छात्रों की इस हरकत से सख्त नाराज हो गए। वह उन्हें बुरा-भला कहने लगे।

अपने बढ़िया सूट में सजे-धजे और सीने पर '1857 स्मारक' का बिल्ला लगाए मदनलाल ढींगरा अपने महाविद्यालय में पहुंचे। उनका एक अंग्रेज सहपाठी उनको बिल्ला लगाए देखकर आग-बबूला हो गया। इन भारतीय विद्यार्थियों की यह हिम्मत कि इंग्लैंड की राजधानी लंदन में यह कार्य, जो कि अंग्रेज जाति की सरकार की बेइज्जती है।

उस अंग्रेज विद्यार्थी ने आगे मदनलाल ढींगरा के कोट पर लगा बिल्ला खींचने का प्रयास किया। पर बिल्ला खींचने से पूर्व ही मदनलाल ढींगरा ने उस अंग्रेज विद्यार्थी के मुंह पर एक तमाचा जड़ दिया।

इतने पर भी मदनलाल ढींगरा रुके नहीं....। उन्होंने उस अंग्रेज युवक को धरती पर पठक दिया। उसके सीने पर चढ़ गए तथा जेब से चाकू निकालकर

बोले, "तुम्हारी यह हिम्मत है कि मेरे देश के सम्मान के प्रतीक को इस तरह नोंचने का साहस करने की हिम्मत की। अगर हिम्मत है तो अब मेरा बिल्ला नोंचकर देखो।"

वह अंग्रेज साक्षात् मौत को सामने पाकर, कांपकर रह गया। वह गिड़गिड़ाकर दया की भीख मांगते हुए बोला, "भगवान के लिए मुझे छोड़ दो. ..मुझे जाने दो.....। मैं अब फिर कभी ऐसी गुस्ताखी नहीं करूंगा।" उसे इस तरह रोते और गिड़गिड़ाते हुए देखकर, मदनलाल ढींगरा को दया आ गई। उन्होंने इस थर-थर कांपते हुए अंग्रेज को छोड़ दिया।

मदनलाल ढींगरा के इस दुःसाहस की धाक उनके सारे महाविद्यालय में जम गई। फिर किसी अंग्रेज छात्र ने मदनलाल से तो दूर किसी अन्य भारतीय छात्र से भी छेड़खानी करने का साहस नहीं किया।

मदनलाल ढींगरा की यह हरकत उनके भाई कुन्दनलाल तक जा पहुंची जो उन दिनों लंदन में ही थे। इससे वह मन-ही-मन बहुत क्रुद्ध हो गए। वह अच्छी तरह जानते थे कि आज तक मदनलाल ने अपने मन की की है। वह जब पिता की नहीं सुनते तो उनकी क्या सुनेंगे।

मदनलाल ढींगरा का यह दुःसाहस सावरकर के कानों तक पहुंचा जिसे सुनकर उन्हें भी मदनलाल ढींगरा के इस तरीके से सख्त असहमति थी। वह अंग्रेजों से लड़ने के सख्त खिलाफ नहीं थे। बल्कि सारा काम वह योजनाबद्ध तरीके से करना चाहते थे। वह बड़ी लड़ाई इस तरीके से नहीं लड़ना चाहते थे। हर लड़ाई का एक योजनाबद्ध तरीका होता है।

मदनलाल ढींगरा की निर्भीकता

अपने सहपाठी अंग्रेज की अच्छी खासी पिटाई करने के बाद, मदनलाल ढींगरा जहां अपने सहपाठी भारतीय छात्रों में हीरों बन गए। वहीं अंग्रेज छात्र उनके दुश्मन बन गए।

मदनलाल ढींगरा उस समय कुमारी मैरी हैरिस नामक अंग्रेज महिला के यहां पेइंग गेस्ट के रूप में रह रहे थे। जो 108, लेदीबेरी रोड पर रहती थी। मदनलाल ढ़ींगरा, उस समय अभिनव भारत सोसाइटी और इंडियन होम रूल सोसाइटी के सक्रिय सदस्य थे।

पंजाब केंसरी लाला लाजपतराय के भाषण से प्रभावित होकर अपने घर में नियेमित रूप से बंदूक चलाने का अभ्यास करते थे। मैरी हैरिस तो उदारवादी विचारों की अंग्रेज महिला थीं, वह भारत को गुलाम बनाए रखने के सख्त खिलाफ थीं। पर उनके पड़ोसी, इस हिन्दुस्तानी को ज्यादा पसंद नहीं करते थे। फिर जब से उन्होंने अंग्रेज छात्र की पिटाई की सारे अंग्रेज समाज में मदनलाल ढींगरा के प्रति नफरत की आग फैल गई।

लिहाजा मदललाल ढींगरा इंडिया हाऊस में रहने लगे। एक दिन उन्होंने बातों-ही-बातों में सावरकर से कुछ काम बताने को कहा था। तब सावरकर ने मदनलाल ढींगरा से बड़े ही रुखे शब्दों में कहा, "आजादी का रास्ता इतना ज्यादा आसान नहीं है, इसके लिए बहुत ही आत्मविश्वास और आत्मसंयम की जरूरत है जो हर आदमी में नहीं होता है। अगर कुछ करना है तो पहले आत्मनियंत्रण सीखो। अपनी उच्छृंखलता छोड़ो, साथ ही अपने गुस्से और आक्रोश पर काबू करना सीखो, तभी स्वतंत्रता से संबंधित कुछ काम मांगना। तब तक क्रांति की बातें तुम्हारी समझ में नहीं आएंगी।"

सावरकर, इतावली नेता और स्वतंत्रता सेनानी मैजिनी और गैरीबाल्डी के कट्टर समर्थक थे। वही उनके आदर्श थे।

और मदनलाल ढींगरा, सावरकर के अन्ध-भक्त थे। उन्होंने सावरकर की बात का जरा भी बुरा नहीं माना। ना ही इसे अपमान समझा। बल्कि अपने मन में यह गांठ बांध ली थी कि वह सावरकर के बताए हुए आदेशों पर चलेंगे।

पर मदनलाल ढींगरा, अपना मस्त स्वभाव कभी नहीं बदल पाए। वह हमेशा गंभीर से गंभीर मौके पर हंसते-खिलखिलाते ही रहे।

पर अपने हंसमुख स्वभाव के पीछे वह देश के प्रति बहुत ही गंभीर थे। उनका सबसे बड़ा गुण उनकी सहनशीलता और निर्भीकता थी। उनकी निर्भीकता का ही यह उदाहरण है कि उन्होंने अंग्रेजों के शहर में रहते हुए अंग्रेजों के कॉलेज के एक छात्र की जमकर पिटाई कर दी थी। वह उसकी जान ही ले लेते अगर उन्हें उस छात्र से अलग नहीं कर दिया जाता तो।

उनकी सहनशीलता के विषय में एक उदाहरण दिया जाता है। इंडिया हाऊस के तहखाने में सावरकर और श्याम बिहारी वर्मा एक बम बनाने की तैयारी में जुटे हुए थे। मदनलाल ढींगरा वहीं पास में खड़े हुए थे।

स्टोव के ऊपर कांच के बर्तन में कोई द्रव पदार्थ उबल रहा था। टेबिल के ऊपर भी कई रासायनिक द्रव्य पदार्थ पड़े हुए थे। सच कहा जाए तो पूरा कमरा ही, रसायनों से भरा पड़ा हुआ था।

सावरकर और श्याम बिहारी वर्मा बातचीत करते-करते राजनीतिक बहस में उलझ गए। उन्हें यह भी ध्यान नहीं रहा कि दोनों कहां खड़े हैं और क्या कर रहे हैं।

मदनलाल ढींगरा वहीं खड़े-खड़े दोनों की बहस का मजा ले रहे थें तभी स्टोव पर रखा द्रव पदार्थ गरम होते-होते उबलने लगा कुछ ही पल इसी तरह की गुजर जाते तो स्टोव पर रखे, रासायनिक द्रव्य का कान फाड़ने वाली आवाज के साथ-साथ विस्फोट हो जाता। कांच का बर्तन भी फूटकर टुकड़े-टुकड़े हो जाता और मेज के आस-पास खड़े सभी व्यक्ति भी बुरी तरह जख्मी हो जाते। वह सब मर भी सकते थे। इससे भी बुरी बात तो यह होती कि विस्फोट सुनकर बाहर के लोग भीतर घुस जाते। पुलिस को भी समाचार मिल जाते, जिससे बड़ा अनर्थ, हो जाता।

भाग्यवश, स्टोव के निकट खड़े हुए मदनलाल ढींगरा का ध्यान अचानक

उबलते हुए द्रव की तरफ गया, उन्होंने चिल्लाकर कहा, "हे भगवान यह तो हमारे काम का अंत ही आ गया लग रहा है, अब क्या होगा।"

सावरकर और श्याम बिहारी वर्मा दोनों ही इस स्थिति में घबरा गए....। बर्तन स्टोव से तुरंत ही उतारना जरूरी थी। दोनों की व्यक्ति हड़बड़ाए से अपने पास ही सड़सी ढूंढ़ रहे थे। उस समय अधिक खोजने का समय नहीं था। उबलता हुआ पदार्थ खतरे की ओर बढ़ रहा था। पल-भर में ही वह कमरा एक दर्दनाक दृश्य उपस्थित कर सकता था।

अचानक ही दोनों व्यक्ति देखते ही रह गए। मदनलाल ढींगरा दौड़कर आगे बढ़े और उन्होंने स्टोव पर से उबलता बर्तन, अपने नंगे हाथों से उतारा और उसे मेज पर रख दिया...।

इस तरह जलता बर्तन हाथ सें उठाने के कारण मदनलाल ढींगरा के हाथों की हथेलियां बुरी तरह झुलस गई, उनमें फफोले पड़ गए। सारा कमरा चमड़ी के जलने की दुर्गन्ध से भर गया।

पर मदनलाल ढींगरा के मुंह पर न कोई शिकन आई और ना ही उनके मुख से जरा-सी भी चीत्कार या आवाज नहीं निकली। बल्कि उनके मुंह पर वहीं खिलंदड़ापन और मुस्कराहट खेल रही थी।

सावरकर और श्याम बिहारी वर्मा बड़ी देर तक स्तब्ध से खड़े रहे......। उनकी समझ में नहीं आ रहा था वह क्या करें....क्या कहें।

सावरकर पहली बार मदनलाल ढींगरा की निर्भीकता, सहनशीलता से बहुत ज्यादा प्रभावित हुए। उन्होंने मदनलाल ढींगरा को स्नेह से आलिंगन में भरकर कहा, "बहुत अच्छा किया, मदन भाई तुमने बहुत हिम्मत से काम लिया, तुम धन्य हो। तुम्हारी सहनशीलता, तुम्हारा साहस धन्य है।"

ज्यों-ज्यों वक्त गुजरता गया...सावरकर और श्याम बिहारी वर्मा को इस घटना की गंभीरता का पता चलता जाता। उन्हें मदनलाल ढींगरा की इस हिम्मत और दिलेरी से श्रद्धा होती, आज मदनलाल ढींगरा ने उनकी जान ही नहीं बचाई थी बल्कि इंडिया हाऊस को बचाया था, वहां की होने वाली गुप्त गतिविधियों को दुनिया के सामने उजागर होने से रोका था। अगर अंग्रेज सरकार को इस बात का पता चल जाता तो सब जेलों में ठूंसे जाते।

अपनी प्रशंसा से मदनलाल को बहुत शर्म आई। उन्होंने तो उस समय जो किया था, अपनी व सबकी जान बचाने के लिए किया था। वह तो बहुत हिम्मत वाले व्यक्तियों में से एक थे। उन्होंने अपनी प्रसन्नता के लिए कभी कोई काम नहीं किया था। जो किया था वह अपने मन के संतोष के लिए किया था।

इस घटना से सावरकर के मन में मदन भाई के लिए आदर और प्रेम की भावना उत्पन्न हो गई थी। श्याम बिहारी वर्मा तो जैसे मदन भाई के पक्के दोस्त हो गए थे।

मदन का भी सारा समय अब इंडिया हाऊस के कामों, वहां की गतिविधियों में गुजरता था। पर मदन भाई का वह हंसमुख स्वभाव कभी नहीं बदलने वाला था। वह हमेशा, वहां आकर अपने मित्रों को तरह-तरह से चिढ़ाते, सीटियां बजाते, गाते बजाते और मस्त रहते। अपनी बन्दूक चलाकर निशाना लगाने का अभ्यास वह एक शिक्षक के निर्देशन में सीखते।

सावरकर उनकी सारी गतिविधियां अच्छी तरह जानते थे। वह यह भी जानते थे कि मदन भाई को बदल डालना ना उनके वश में था और ना ही किसी अन्य के वश में......।

इंडिया ऑफिस की स्थापना

लंदन में अब भारतीय युवकों की गतिविधियां उग्र रूप धारण करने लगी थीं। इंडिया हाऊस जो भारतीय नवयुवकों की गतिविधियों का केन्द्र बना हुआ था, अंग्रेजी सरकार की निगाहों में आ गया। वहां आने-जाने वाले लोगों पर सरकार की निगाहें लग गई।

इस कारण सर कर्जन वामली जो भारत के राज्य सचिव के राजनीतिक सलाहाकार थे। सर कर्जन वामली एंग्लो इंडियन थे और उन्होंने ब्रिटिश सेना में वरिष्ठ अधिकारी के रूप में काम प्रारंभ किया था। इसके बाद वह ब्रिटिश प्रशासनिक सेवाओं के सदस्य बने जिसके कारण वह भारत में और नेपाल के कई राज्यों में रेजीडेंट कमिश्नर रहे। अजमेर प्रभाग के काफी समय तक चीफ कमिश्नर रहे थे। उस दौरान डॉ. साहब दित्तामल के पुत्र कुंदनलाल जो मदनलाल ढींगरा के सगे छोटे भाई थे के बड़े ही घनिष्ठ मित्र रहे थे।

यहीं सर कर्जन वामली की अध्यक्षता में 'इंडिया ऑफिस' खोला गया, जो ऊपरी तौर पर भारतीय छात्रों के हितों की रक्षा करने के लिए था। पर अंदरूनी तौर पर इंडिया ऑफिस का उद्देश्य भारतीय छात्रों की गतिविधियों पर नजर रखना था।

इंडिया ऑफिस के गुप्तचरों द्वारा इंडिया हाऊस में रहने वाले छात्रों पर नजरें रखी जाने लगीं। इन गुप्तचरों ने मदनलाल ढींगरा को देख कर कहा, "यह युवक तो कवि है, हमेशा फूलों को देखता रहता है, हंसता मुस्कराता रहता है। इसमें तो सारे गुण कवियों के हैं। क्रांतिकारियों से इसका वास्ता तो हो ही नहीं सकता है।" जबकि मदनलाल तो पक्के क्रांतिकारी बन चुके थे।

मदनलाल ढींगरा रोजाना इंडिया हाऊस के अलावा इंडिया ऑफिस भी जाने लगे व मदनलाल ढींगरा इंडिया ऑफिस के सदस्य बन गए। एक बार उनके इंडिया हाऊस के मित्रों ने उन्हें वहां आता-जाता देखकर इस विषय में आपत्ति उठाई, पर सावरकर ने चुप करा दिया। लेकिन इसके बावजूद इंडिया

हाऊस के लोग उन्हें गद्दार और देशद्रोही करार देने लगे।

उन्हीं दिनों भारत में अंग्रेज सरकार की गतिविधियां बहुत ही तेज हो गईं। कन्हाई लाल दत्त, खुदीराम बोस और हेमचन्द्रदास आदि क्रांतिकारियों को फांसी की सजा दी गई और श्री विनायक सावरकर के बड़े भाई गणेश सावरकर को राजद्रोह की कविताएं लिखने के जुर्म में कालेपानी की सजा दी गई और उनकी सारी पारिवारिक संपत्ति सरकार द्वारा जब्त कर ली गई।

तब मदनलाल ढींगरा अपने महाविद्यालय में एक बैज लगा कर गए जिस पर लिखा था....'शहीदों की स्मृति में' मदनलाल ने जब यह बैज लगाकर कक्षा में प्रवेश किया, तो एक बैज हटाने पर दुर्गत करवाने की याद करने के कारण कोई छात्र तो उनसे कुछ नहीं बोला, पर अध्यापक ने उन्हें तुरंत बैज निकालने को कहा। जिस पर मदनलाल ढींगरा ने स्पष्ट इनकार कर दिया।

अध्यापक ने उन्हें प्राचार्य के पास भेज दिया। उसने भी बैज निकालने को कहा या अर्थदंड भुगतने की सजा दी, पर मदनलाल ने बिल्ला उतारने से अधिक अर्थदंड भरना ज्यादा उचित समझा।

बड़ी मुश्किल से उनका कॉलेज से निकाला जाना बचाया जा सका था। वरना कॉलेज के अध्यापक तो उनके रखने के पक्ष में नहीं थे।

इस सारे घटनाक्रम के बाद भी मदनलाल ढींगरा के स्वभाव में कोई अन्तर नहीं आया था। वह सदा की भांति हंसते मुस्कराते हुए रहते।

एक दिन तो उन्होंने बहुत गजब कर डाला। इंडिया हाऊस में जब वह पहुंचे तब वहां सब लोग बहुत गंभीर विचार-विमर्श में मग्न थे। भारत में हमारे देशवासिय्रों को तंग करने के लिए अंग्रेज कोई ना कोई नया कानून बनाते रहते थे।

सावरकर ने इसी विषय पर चर्चा करने के लिए आज एक सभा बुलाई थी।

मदनलाल ढींगरा तो सिर्फ सावरकर का ही भाषण सुनते थे। किसी नेता का ना वह भाषण सुनते और ना ही किसी व्यक्ति को भाषण देना पसंद करते थे। मदनलाल ढींगरा आए और चुपचाप बैठे हुए बड़ी देर तक सावरकर के विचार सुनते रहे। उनका भाषण समाप्त होते ही मदनलाल ढींगरा बाहर चले गए।

सावरकर जैसे गंभीर व्यक्ति को मदनलाल का इस तरह उठना अखरा पर वह उनकी आदतें अच्छी तरह जानते थे। इसलिए उन्होंने विशेष ध्यान नहीं दिया।

मदनलाल ढींगरा थोड़ी देर तो बाहर इधर-उधर टहलते रहे। फिर पास की दुकान में रखा ग्रामोफोन बजा और लाउड स्पीकर उठा कर ले आए। इंडिया हाऊस की खिड़की पर लाउडस्पीकर रखकर, वह अपने मन-पसंद गानों के रिकॉर्ड बजा कर सुनने लगे।

संगीत की धुन बजते ही आस-पास के लड़के व लड़कियों की भीड़ इकट्ठी हो गई। जो संगीत की मधुर धुन सुनकर, ताली पीटकर सीटी बजाकर नाचने लगे। मदनलाल ढींगरा इस समय कैसे पीछे रहते। वह खुद भी इस अनोखे सामूहिक नृत्य में शामिल हो गए। संगीत का स्वर, सीटियां, नाच जिससे शोरगुल का दृश्य उपस्थित हो गया।

इससे इंडिया हाऊस के प्रांगण में चलती हुई सभा में बाधा पड़ी। सावरकर जी समेत उपस्थित सभी लोगों की भृकुटियां तन गईं। गुस्से में सावरकर जी खुद दौड़े-दौड़े आए। उन्होंने जब मदनलाल ढींगरा को इस तरह नाचते-गाते देखा तो वह क्रोध में थरथराते हुए बिल्कुल आपे से बाहर हो गए। उन्होंने गुस्से में चीखते हुए कहा, "मदन अपना यह गंदा संगीत बन्द करो.....। तुम्हें अपने आप पर शर्म नहीं आती। भीतर कितने गंभीर विषय में सभा चल रही है। तुम इसमें सम्मिलित नहीं हुए, इसके विपरीत यहां अपनी मूर्खता का प्रदर्शन कर रहे हो। सभा से बाहर हो ही, साथ ही जो लोग सभा के अन्दर हैं उनके लिए भी बाधक बन रहे हो। ओह! तुम पर मुझे लज्जा आती है मदन, अगर तुम्हारा व्यवहार यही है तो फिर अन्तिम क्षणों तक स्वतंत्रता के लिए लड़ने की बड़ी-बड़ी बातों का क्या उपयोग है।"

ढींगरा पर जैसे घड़ों पानी पड़ गया। वह चुपचाप वहां से चले गए। उनके जाते ही यों ही संगीत की धुन पर आकर नाचने वाले लड़के लड़कियां भी लज्जित से इधर-उधर हो गए। कुछ समय बाद सावरकर का जब क्रोध शांत हुआ तो उन्हें मदन भाई के साथ अपने किए हुए व्यवहार पर लज्जा आई.. । पर वह जानते थे मदन भाई दिल के बहुत भोले हैं, उन्होंने उनके क्रोध का जरा भी बुरा नहीं माना था। आज नहीं तो कल वह फिर यहां आ जाएंगे।

पर मदनलाल ढींगरा अब की बार सचमुच बहुत लज्जित थे। वह उस दिन के बाद से दोबारा इंडिया हाऊस की ओर ना गए। उन्हें बार-बार यह बात सालती, लोग क्यों उन्हें हमेशा गैरजिम्मेदार समझते हैं जबकि वह तो हमेशा देश के लिए अपनी जान देने को भी प्रस्तुत रहते हैं।

इस बीच मदन भाई इंडिया ऑफिस आते-जाते रहते ताकि उन्हें अंग्रेज सरकार की गतिविधियों का पता चलता रहे। सावरकर के इंडिया हाऊस ना आने से सारे लोग उन्हें बहुत याद करते थे। सबसे ज्यादा सावरकर ही उन्हें याद करते थे। आखिर दो महीने से मदनलाल ढींगरा यानी उनके मदन भाई आखिर कहां चले गए। अब सावरकर को उनकी कुशलता की बहुत ज्यादा चिंता हो गई। आखिर मदन कहां गया, दोबारा यहां आया क्यों नहीं-सावरकर हमेशा यही सोचते रहते थे।

अग्नि-परीक्षा

जिस तरह श्री विनायक सावरकर, अपने मदन भाई अर्थात अमर शहीद मदनलाल ढींगरा के लिए इंडिया हाऊस न आने से बहुत चिंतित थे। मदन भाई उतने ही आश्वस्त थे, प्रसन्नचित थे। उन्हें सब गैरजिम्मेदार समझते थे, इस कारण से उन्हें बहुत चिंता हो गई थी।

पर अचानक ही एक दिन अमर शहीद मदनलाल ढींगरा इंडिया हाऊस आए और सीधे सावरकर के पास जा पहुंचे ओर बिना दुआ सलाम के उनसे आंखों में आंखें डालकर बोले, "सावरकरजी अब आप मुझे यह बतलाइए क्या मेरे लिए अपने प्राणों को न्योछावर करने का समय आ गया......है।"

सावरकर आश्चर्यचकित और अभिभूत स्वर में बोले...मदनभाई स्वयं को बलिदान करने के लिए सिद्ध व्यक्ति जब यह महसूस करता है कि आत्मबलिदान का समय आ गया है....तो यह समझ लेना चाहिए कि वाकई समय आ गया है।"

"तब तो सावरकर जी मैं बिल्कुल तैयार हूं।" मदनलाल ढींगरा ने जोश भरे स्वर में कहा।

सावरकरजी उन्हें स्नेह से थपथपाते हुए अपने कमरे में ले गए.....काफी देर तक दोनों में विचार-विमर्श होता रहा।

उस समय भारत में स्वतंत्रता संग्राम बड़े जोर-शोर से चल रहा था। जनता के जुलूस पर पुलिस के लाठी प्रहार प्रति दिन की घटनाएं बन चुकी थीं। अंग्रेज भारत को अपने शिकंजे से किसी प्रकार छोड़ना नहीं चाहते थे।

इसका कारण यह था कि भारत से अपने उपयोग के लिए खनिज पदार्थ, कपास आदि सामान इंग्लैंड ले जाया करते थे।

इंग्लैंड की मिलों में बना माल भारत लाया जाता था जिसे काफी मुनाफे के साथ भारत के बाजारों में बेचा जाता था। भारत से अधिक काम लेने और

भारत का पूरी तरह शोषण करने के लिए इंग्लैंड के शाही परिवारों के आवारा और लफंगे शहजादों को भारत में काफी ऊंचे वेतन देकर भेजा जाता था। भारत में जमीन मुफ्त की थी, मजदूर मुफ्त के थे। इसलिए मोटा मुनाफा कमाने के लिए कपड़े की मिलें स्थापित की जा रही थीं।

भारतीय जाग उठते, भारत स्वतंत्र हो जाता तो अंग्रेजों की बहुत बड़ी हानि हो जाती। इसलिए स्वतंत्रता की इच्छा करने वाले, अंग्रेज सरकार के शत्रु बन गए। पुलिस और सेना की सहायता से उन्हें निर्ममतापूर्वक पीटा गया था। गिरफ्तारी और बलिदान प्रतिदिन की घटनाएं बन गईं थीं। लोकमान्य बाल गंगाधर तिलक, लाला लाजपतराय जैसे नेतागण भारत के स्वांतत्र्य संग्राम का नेतृत्व कर रहे थे।

दूसरी ओर कुछ ऐसे क्रांतिकारी युवक भी थे जो अस्त्र-शस्त्रों की सहायता से अंग्रेज सरकार से संघर्ष कर रहे थे। बम बना रहे थे। सबसे पहला बम विस्फोट खुदीराम बोस व प्रफ्फुलचंद्र चाकी ने बंगाल में किया था।

मदनलाल ढींगरा जब भी इस प्रकार के समाचार सुनते थे उन्हें अपने अंत:करण में एक विचित्र तरंग उठा करती थी। वे अपने हृदय से अंग्रेजों से घृणा करने लगे थे। इस बीच ही सावरकरजी के बड़े भाई श्री गणेश सावरकर पर, जो कालेपानी सजा पा कर अंडमान निकोबार द्वीप में सजा भुगत रहे थे। पर तरह-तरह के अत्याचारों की खबरें आती रहती थीं। कालेपानी के कारागार में श्री गणेश सावरकर पर सर्प, बिच्छुओं और जंगली जानवारों से डसाया जाता था। इन सब बातों को सुनकर ही मदन भाई के क्रोध में जैसे घी पड़ गया था। हिन्दू युवकों की बदले की भावना का परिचय अंग्रेज सरकार को कैसे दिया जाए, यह बात मदन भाई को बहुत ज्यादा बेचैन कर रही थी।

अपने निश्चय को सफल बनाने के लिए मदन भाई एक पिस्तौल भी खरीद चुके थे।

मदन भाई लंदन की एक संस्था नेशनल एसोसिएशन के भी सक्रिय सदस्य थे। जिसकी सचिव कुमारी एमा जोसेफाईन नेक नामक एक अंग्रेज महिला थी। इस संस्था का काम इंग्लैंड में उच्च शिक्षा प्राप्त करने आए भारतीय छात्रों की सहायता करना था। पर अंदरूनी तौर पर यह संस्था भारतीय छात्रों को अंग्रेज सरकार और अंग्रेज जाति समर्थक बनाने तथा उनको दुश्चरित्र बनाने का

कार्य करती थी। इस संस्था के पीछे भी सर कर्जन वामली का ही हाथ था। वही उसके संस्थापक और प्रधान थे।

मार्च 1909 को मदनलाल ढींगरा नेशनल इंडियन एसोसिएशन के दफ्तर में गए जहां कुमारी ऐमा जोसे फाईन नेक से उनकी भेंट हुई। मदनलाल ढींगरा ने इस संस्था का सदस्य बनने की अपनी इच्छा प्रकट की जो सहर्ष पूरी हो गई। अगले माह से मदनलाल ढींगरा इस संस्था के सक्रिय सदस्य बन गए। कुमारी ऐमा जोसे फाईन नेक से मदनलाल ढींगरा की बहुत गहरी मित्रता हो गई। अंग्रेज सरकार ने इस बीच एक तीन सदस्यीय समिति का गठन किया। जिसमें सर कर्जन वामली एक प्रमुख सदस्य थे।

एक दिन शाम के समय मदनलाल ढींगरा जब इंडिया हाऊस पहुंचे तो सावरकर, श्याम बिहारी वर्मा आदि क्रांतिकारी इंडिया हाऊस में एकत्रित थे और उस समय बातचीत जापानियों के शौर्य और साहस पर हो रही थीं। सभी लोग एक स्वर में जापानियों के साहस की बहुत प्रशंसा कर रहे थे। कुछ देर तक तो मदन भाई ने उनका समर्थन किया फिर हंसकर बोले, भाइयों, जापानियों की प्रशंसा हो गई, क्या तुम लोग यह समझते हो कि हिन्दू उनसे किसी भी प्रकार कम है? समय आने दो, हम हिन्दू भी अपना कर्तव्य जी जान से निभा कर दिखला देंगे। सारा विश्व हमारी कर्तव्य भावना को देखेगा।

अनेक लोग मदनलाल ढींगरा को किसी काम का व्यक्ति नहीं समझते थे। उन्हें सब छैल-छबीला व्यक्ति ही समझ पाते थे।

इसलिए उनकी इस बात को किसी ने गंभीरता से नहीं लिया। उनमें से एक व्यक्ति ताना कसते हुए हंसते हुए बोला, "अरे हम तुम्हें अच्छी तरह जानते हैं, तुम तो केवल बातूनी ही हो, समय आने पर तुम कुछ नहीं कर पाओगे।"

इस पर उपस्थित सब लोग ठहाका लगाकर हंसने लगे, अरे हम तुम्हें अच्छी तरह जानते हैं.....। यह बात बार-बार सभी लोग दोहराने लगे।

ढींगरा इस बात को स्वीकार करने को जरा भी तैयार नहीं थे। इसलिए बार-बार इस बात का प्रतिवाद करते रहे कि उनको बात बढ़ा-चढ़ाकर कहने की खोखली बातों की आदत है। फिर भी उनके मित्रों का उन्हें चिढ़ाना और ताने कसना जारी रहा।

आखिर हंसी-मजाक की बातों ने अचानक गंभीर मोड़ ले लिया और यह निश्चित किया गया कि ढींगरा की साहस की कसौटी पर परीक्षा की जाए। ढींगरा इसके लिए तुरंत ही तैयार हो गए।

उनके मित्रों में से एक मित्र बहुत नुकीली और मोटी सुई ले आया....इसने मदन भाई को अपने हाथ का पंजा मेज पर रखने को कहा......। मदन भाई ने निसंकोच हंसते हुए पंजा, मेज पर फैला दिया। सभी की आंखें उनके पंजे पर लगी हुई थीं। जो युवक सूआ लेकर आया था उसने मदनलाल ढींगरा के हाथों में धीरे सुई चुभाना आरंभ किया...। इसके बाद तो वह उस सूए को कसकर दबाता रहा। सूआ हथेली को पार करता हुआ, चमड़ी को चीरता हुआ, मांस को फाड़ता हुआ मेज की सतह तक जा पहुंचा। लेकिन मदन भाई के मुंह पर जरा भी शिकन नहीं आई...। उनके चेहने पर जरा भी वेदना के भाव नहीं थे बल्कि वह पहले की ही तरह मुस्करा रहे थे। हाथ से भल-भल खून बह रहा था। उपस्थित कई लोगों के मुंह से चीत्कार निकल रही थी। कइयों की आंखों में वेदना की कल्पना कर के ही आंसू बह चले थे। पर मदनलाल ढींगरा बिल्कुल पत्थर की तरह खड़े रहे। सुई निकल जाने के बाद भी उनके चेहरे पर जरा भी अंतर नहीं झलका। यह उनकी अग्नि परीक्षा थी, जिसमें वह सफल साबित हुए थे।

उस समय उपस्थित सभी मित्रों, सावरकर तक की आंखें मदन भाई की सहनशीलता, निर्भीकता देखकर बहुत बुरी तरह भीं गई। जिन मित्र ने उनकी सुई चुभोकर परीक्षा ली थी वह तो फूट-फूटकर रोने लगे और अपनी गलती की क्षमा मांगने लगे।

पर मदन भाई को किसी से कोई गिला शिकवा नहीं था, वह अपने मित्रों और प्रशंसकों के बीच खरे साबित हुए थे, सच्चे साबित हुए थे। उस दिन सारे मित्रें को उनकी निर्भीकता, देशभक्ति और सहनशीलता पर अटूट विश्वास हो गया। इन व्यक्तियों में सावरकर भी प्रमुख थे। कुछ विद्वानों ने इस घटना का वर्णन करते हुए मदन भाई की परीक्षा लेने वालों में सावरकर का ही नाम लिया है।

असफल प्रयास

इस अग्नि-परीक्षा में उत्तीर्ण होने के बाद मदनलाल ढींगरा इंडिया हाऊस में एकत्रित होने वाले सभी क्रांतिकारियों की और सावरकरजी के विश्वासपात्र बन गए थे।

सावरकर की सलाह पर मदन भाई को यह आदेश दिया गया कि वह अपने संबंध इंडिया ऑफिस और नेशनल इंडिया एसोसिएशन से ज्यों के त्यों रखें! ताकि अंग्रेज सरकार की क्रांतिकारियों के खिलाफ चल रही कार्यवाहियों का अता-पता चलता रहे।

ढींगरा प्रतिदिन इंडिया ऑफिस और नेशनल इंडियन एसोसिएशन के दफ्तरों में जाते.....। वहां इन दोनों ही संस्थाओं के प्रमुख सर कर्जन वामली से उनकी मुलाकात होने लगी। सर कर्जन वामली मदन भाई के साथ ऐसा व्यवहार करते जैसे वह उनके और भारत के कल्याण के लिए मरे जा रहे हों।

इधर ढींगरा भी सर कर्जन वामली से ऐसा व्यवहार करते जैसे मानों उनकी कर्जन वामली के प्रति अगाध श्रद्धा थी। दोनों ही एक-दूसरे को छल-बल से अपने-अपने कामों को सिद्ध करने के लिए तौल रहे थे।

एक दिन बातों ही बातों में कर्जन वामली ने मदन भाई से इंडिया हाऊस में होने वाली गतिविधियों की पूरी-पूरी जानकारी चाही। साथ ही यह भी इच्छा प्रकट की कि वह वहां के सारे गुप्त-भेद उन्हें बतला दें।

ढींगरा सावरकरजी से मिलकर उन्हें कर्जन वामली की सारी गतिविधियों की जानकारी दे आते। सावरकरजी की ही सहमति से मदन भाई इंडिया हाऊस की थोड़ी बहुत जानकारी कर्जन वामली को दे दिया करते थे।

सावरकर और मदन भाई अच्छी तरह जानते थे कि यह सब एक नाटक-मात्र था। जिसमें कुछ भी सच्चाई नहीं थी।

पर इंडिया हाऊस के कुछ लोग मदन भाई को गद्दार और देशद्रोही कहने लगे। जिसे मदन भाई अपनी आदत के अनुसार हंस कर टाल देते थे।

असलियत तो दो–तीन लोगों तक ही सीमित थी। यानी सावरकरजी, श्याम जी, कृष्ण वर्मा और स्वयं मदनलाल ढींगरा तक।

मदनलाल ढींगरा लंदन में नित्य अपनी डायरी लिखते और रोज ही अपने गोमेज पिस्तौल से गोली चलाने का अभ्यास करते थे।

मदनलाल ढींगरा का पूरा परिवार अंग्रेज सरकार का भक्त था। उनके पिता डॉ. साहब दित्तामल और छोटा भाई कुंदनलाल सर कर्जन वामली से पुराने परिचित थे। जब कर्जन वामली हिन्दुस्तान में अजमेर प्रभाग के चीफ कमिश्नर थे तब से डॉ. साहब दित्तामल से उनके स्नहेपूर्ण संबंध थे। उनके छोटे पुत्र कुंदरनलाल जिनका अपना निजी स्वतंत्र व्यवसाय था, के भी सर कर्जन वामली से मधुर संबंध थे। दोनों ही बाप बेटे सर कर्जन वामली को पत्र लिखा करते कि वह उनके अजीज मदनलाल की पूरी–पूरी सहायता करें ताकि मदन भाई का पूरा–पूरा कल्याण हो सके।

सर कर्जन वामली भी उन दोनों का यानी भारत में मौजूद मदन के पिता डॉ. दित्तामल और उनके छोटे भाई कुंदनलाल को मदन के संबंध में सूचना दिया करते थे, जिस पर भारत में मदन के परिवार वालों को बहुत कम विश्वास होता था। वह यह अच्छी तरह जानते थे कि उनका वंशधर मदनलाल ढींगरा अंग्रेजों के साथ मित्रता का दिखावा भले ही करें, अन्दरूनी तौर पर उनका पक्का दुश्मन है।

कुछ मदन के पिता डॉ. दित्तामल के पत्रों से और कुछ मदन की गतिविधियों से कर्जन वामली को मदनलाल ढींगरा की विश्वसनीयता पर शक हो गया, जिसका जिक्र उन्होंने भारत में स्थित उनके पिता डॉक्टर दित्तामल से भी कर दिया।

डॉ. साहब दित्तामल ने अपने पुत्र मदनलाल ढींगरा को पत्र लिखा जो उन्होंने सर कर्जन वामली के पते पर लंदन भेजा था। सर कर्जन वामली ने 13 अप्रैल 1909 को मदनलाल ढींगरा को एक पत्र लिखकर बुलाया जिसके अनुसार उन्हें 30 अप्रैल 1909 के बाद दोपहर ग्यारह बजे से लेकर साढ़े तीन बजे के बीच किसी भी समय मदनलाल ढींगरा से मिलकर बहुत प्रसन्नता होगी।

इस पत्र को प्राप्त कर मदनलाल को बहुत सख्त क्रोध आया। उन्हें यह पहली बार अहसास हुआ कि उनकी क्रांतिकारी गतिविधियों पर अंकुश लगाने के लिए सर कर्जन वामली ने यह पत्र उन्हें लिखा है। इस पत्र को उन्होंने भारतीय व्यक्तिगत मामलों में हस्तक्षेप माना।

इस बीच कर्जन वामली से वह फिर दोबारा मिलने नहीं गए। उसी दिन से उन्होंने यह निश्चय कर लिया कि कर्जन वामली को अब सबक सिखलाना ही पड़ेगा। सर कर्जन वामली की भारत विरोधी गतिविधियां काफी बढ़ चुकी थीं। जिस कारण सावरकर समेत अन्य सभी क्रांतिकारी अब यह सोचने लगे थे कि सर कर्जन वामली को किसी तरह इस मार्ग से हटा दिया जाए। ताकि भारत की आजादी का मार्ग और सुगम बनाया जा सके।

अपने क्रांतिकारी मित्रों के समक्ष मदनलाल ढींगरा यह घोषणा कर चुके थे कि सर कर्जन वामली को मौत के घाट उतार कर ही मानेंगे। उनकी इस बात का सावरकर समेत सभी लोगों ने समर्थन किया था। पर सावरकर यह चाहते थे कि मदन भाई जो भी काम करें...पूरी योजना बनाकर करें व ठोक-बजाकर करें....ऐसा ना हो कि बाद में उन्हें पछताना पड़े।

पर मदनलाल ढींगरा तो किसी और ही मिट्टी के बने हुए थे। योजनाबद्ध तरीके से कोई काम करना उन्हें बिल्कुल भी पसंद नहीं था। वह सब काम अपने मनमाने तरीके से करते थे। उनके पास पिस्तौल थी व उनका शिकार कर्जन वामली भी खुला घूम रहा था।

कुछ सूत्रों के अनुसार 9 जून के आस-पास जब सर कर्जन वामली अपनी मोटर पर सवार होकर जा रहे थे तभी पेड़ों के झुरमुट के बीच में मदन भाई ने उन पर गोली चला दी। बदमिस्मती से गोली सर कर्जन वामली को बिना किसी नुकसान पहुंचाए ही भटक गई। सर कर्जन वामली की जान बच गई। जब तक मोटर रुकी और गोली चलाने वाले की तलाश की जाती तब तक मदन भाई गायब हो गए। तब तक आज जैसी आतंकवादी स्थिति नहीं आई थी और कोई यह कल्पना भी नहीं कर सकता था कि जहां अंग्रेजों के साम्राज्य की राजधानी लंदन में कोई भारतीय थूकने की भी हिम्मत नहीं कर सकता था वहां कोई भारत का व्यक्ति एक उच्च अंग्रेज अधिकारी पर गोली चलाने की कोई हिम्मत कर सकता है। इसकी कल्पना भी नहीं की जा सकती थी। जब तक खोजबीन हुई मदन भाई झाड़ियों के पीछे से भाग चुके थे।

बाद में बात आई गई हो गई। सर कर्जन वामली और पुलिस यह सोचने लगी शायद यह गोली किसी और के लिए चलाई गई थी या संयोग़वश ही उस समय चल गई। जब सर कर्जन वामली की मोटर उधर से गुजर रही थी।

सावरकर से यह घटना छिपी नहीं रह सकी। वह यह भी अच्छी तरह समझ गए कि इस घटना के पीछे किसका हाथ है। उन्होंने इंडिया हाऊस आने पर मदन भाई को बहुत फटकारा और फिर समझाया कि बिना योजना बनाए कोई काम ठीक से नहीं होता। इस गोलाबारी से कर्जन वामली के बच निकलने का यही कारण है।

सावरकर के सामने मदन भाई ने अपनी गलती स्वीकार कर ली व इसके साथ ही यह वायदा भी कर लिया कि वह अब बिना योजना बनाए उत्तेजनावश कोई भी काम नहीं करेंगे।

मदन भाई के इस वायदे से सावरकर ऊपरी तौर पर आश्वस्त अवश्य हो गए। पर वह मदन भाई की जिद्द को अच्छी तरह जानते थे। वह कभी भी कहीं भी कुछ भी ऐसा कर सकते थे जो उनके लिए अच्छा साबित नहीं होता। सावरकर यह चाहते थे कि मदनलाल ढींगरा जैसा निर्भीक और वीर व्यक्ति कुछ ऐसा काम करे जो जमाना देखे, पर साथ ही उसकी कीमती जान भी व्यर्थ ना जाए। क्योंकि मदन भाई से उन्हें आगे भी बहुत सी उम्मीदें थीं।

आखिर हसरत पूरी हुई

इस बीच मदनलाल ढींगरा, सर कर्जन वामली की हत्या का अपना इरादा भूले नहीं थे। बल्कि अब वह इस दुष्कर कार्य क़ो सावरकर जी की आज्ञानुसार पूरी योजना बनाकर ही सम्पन्न करना चाहते थे।

इस कारण अब उनको उस अवसर पर तलाश थी जब वह सर कर्जन वामली को मौत के घाट उतार सके। सच बात तो यह है लॉर्ड कर्जन वामली के काले डेथ वारंट पर उसी समय दस्तखत हो चुके थे, जब मदन भाई ने उन्हें मारने का निश्चय कर लिया था।

एक दिन मदनलाल ढींगरा जब नेशनल इंडियन एसोसिएशन के दफ्तर में कुमारी ऐमा नेक से मिले। काफी देर तक इधर-उधर की बातें होती रहीं। बातों ही बातों में जब मदन भाई ने किसी दिन ऐमा नेक से शाम को कहीं मिलने का कार्यक्रम बनाने को कहा था......।

तब ऐमा नेक ने अपनी असमर्थता जताते हुए बतलाया कि वह इन दिनों बहुत व्यस्त है क्योंकि 2 जुलाई 1909 को लंदन के इंस्टीट्यूट आर्फ इम्पीरियल स्टडीज के जहांगीर हाऊस में एक भव्य समारोह आयोजित होने वाला है जिसकी अध्यक्षता सर कर्जन वामली करेंगे। यह बात सुनते ही मदन के कान खड़े हो गए। उन्हें अपना सपना अब सच होता हुआ लगने लगा।

उन्होंने ऐमा नेक से इस समारोह की पूरी-पूरी जानकारी खोद-खोद कर पूछ ली। उन्होंने इस सार्वजनिक समारोह में ही कर्जन वामली के जीवन का अन्त करने का फैसला कर लिया।

20 जून को वह सीधे सावरकर से मिले और उन्हें अपनी पूरी योजना समझा दी, जिसे सुनकर सावरकर बहुत प्रसन्न हुए। उन्होंने उसी समय ढींगरा को इस शुभ कार्य के लिए अग्रिम बधाई दे दी। एक जुलाई 1909 के दिन गुरुवार का वह पवित्र दिन था जिस दिन कन्हाई दत्त, खुदीराम बोस की हत्या

और श्रीगणेश सावरकर काला पानी की सजा का बदला गिन-गिनकर कर्जन वामली से लिया जाना था।

अब मदनलाल ढींगरा बड़ी ही बेसब्री से उस शुभ दिन का इंतजार कर रहे थे जिस दिन कर्ज़न वामली की तड़पती लाश उसकी आंखों के सामने होगी।

धीरे-धीरे करके दिन गुजरते चले गए और 2 जुलाई का शुभ दिन आ गया। सारा दिन मदन भाई अपने घर में ही आनन्द से सोते रहे।

तीन साढ़े तीन बजे सोकर उठे और सीधे अपने निशानेबाजी के इंस्टीट्यूट जा पहुंचे। जहां एक से लेकर बारह तक गोलियां चला कर उन्होंने अपने अचूक निशाने की परीक्षा की। शाम को ही रात का भोजन कर लिया।

शाम को छह बजे वह लौटकर अपने घर आए। नहा-धोकर उन्होंने अपना बेहतरीन सूट पहना, स्टिफ कालर पहना, टाई बांधी सिर पर अपनी कलफ से कड़क नीली पगड़ी बांधी। कोट की जेब में एक रिवाल्वर, दो पिस्तौलें और दो चाकू साथ में रखे। जूते पहले मां काली को हाथ जोड़कर प्रणाम किया.....। इसके बाद एक बार चलते-चलते अपने घर पर एक निगाह डाली। अब दोबारा शायद ही इस घर को देखना नसीब हो। भले ही किराए का था, पराए शहर पराए देश की धरती पर था, फिर भी वहां जीवन के सुख दुःख से भरे तीन साल गुजरे थे।

लंदन के इम्पीरियल इंस्टीट्यूट ऑफ स्टडीज का वार्षिक समारोह, जहांगीर हाऊस में हो रहा था। जो बड़े ही भव्य ढंग से सजाया संवारा गया था। सारा हाल रंगीन गुब्बारों और कागज की रंगबिरंगी झंडियों से सजाया गया था। रंगीन रोशनी और हल्का संगीत समारोह की भव्यता में अपनी अलग ही छटा बिखेर रही थी। हॉल का वातावरण बड़ा ही मनमोहक लग रहा था।

हॉल में बनाव श्रृंगार से सजी-धजी महिलाएं चहक रही थीं। इस समारोह में बड़ी संख्या में भारतीय प्रशासनिक अधिकारी, अंग्रेज सिविल सर्वेन्ट, सेवानिवृत्त अंग्रेज सिविल सेना सरकारी अधिकारी व इंग्लैंड के गणमान्य नागरिक शामिल हुए थे। रात आठ बजे के कारीब मदनलाल ढींगरा सजे-संवरे हुए हाल में दाखिल हुए। तब तक इस समारोह के मुख्य अतिथि सर कर्जन वामली आए नहीं थे।

मदन भाई समारोह में आई महिलाओं से मिलने-जुलने लगे, जिनके बीच में वह बहुत ज्यादा लोकप्रिय थे। इसके बाद संगीत समारोह आरंभ हो गया, जिसमें उपस्थित सभी लोग बड़े ही मंनोयोग से सम्मिलित हो गए।

तभी ऐमा नेक आ गईं जिनसे मदनलाल ढींगरा बड़े ही प्रेम से मिले व उनसे उनके हाल-चाल पूछते रहे तथा तरह-तरह के मजाक करते रहे। उनकी प्रसन्नता और स्नेहपूर्ण व्यवहार देखकर कोई भी व्यक्ति उनके मन की बात नहीं भांप सकता था।

रात दस बजे के करीब कर्जन वामली ने अपनी पत्नी के साथ इस समारोह में प्रवेश किया। उनकी पत्नी सबका अभिवादन करती हुई अपनी महिला मंडली में जा मिली और सबके हाल-चाल पूछने लगीं।

सर कर्जन वामली भी उपस्थित व्यक्तियों से मुलाकात करने लगे। मदनलाल ढींगरा भी ऐमा नेक से क्षमा याचना करते हुए उठे और सर कर्जन वामली के पास आए। उनसे हाथ मिलाकर पहले उनकी कुशल क्षेम पूछी. ..फिर जैसी अंग्रेज अभिजात्य वर्ग की विशेषता है वह सर कर्जन वामली से लंदन के मौसम पर चर्चा करने लगे।

कर्जन वामली बड़े स्नेह से उनसे बातचीत कर ही रहे थे कि अचानक मदनलाल ढींगरा ने अपने कोट की जेब से एक बैल्जियम रिवाल्वर निकाली और सर कर्जन वामली के चेहरे को लक्ष्यकर घोड़ा दबा दिया...। एक-एक कर पांच घातक गोलियां सर कर्जन वामली के चेहरे पर धंस गईं। किसी को भी यहां तक कि कर्जन वामली तक को भी पलक झपकने का मौका नहीं मिला। इस बीच एक पारसी डॉक्टर कावस खुर्शीद जी लालका सर कर्जन वामली को बचाने को झपटा तो मदनलाल ढींगरा की रिवाल्वर का रूख उसकी ओर हो गया और वह भी मदनलाल ढींगरा की छठी गोली का शिकार हो गया।

सर कर्जन वामली का खूबसूरत चेहरा गोलियों से भुनकर इतना विकृत हो गया था कि पहचान में ही नहीं आ रहा था। उनकी तत्काल मृत्यु हो गई थी। सारा वातावरण स्तब्ध था। जब लोगों को होश आया तो मदनलाल ढींगरा की ओर झपटे जिसके जवाब में मदनलाल ढींगरा ने जेब से चाकू निकालकर लहराया।

इससे उपस्थित सारे लोग डरकर अपनी सुरक्षा के लिए इधर-उधर भागने लगे। तब मदनलाल ढींगरा ने बड़ी दिलेरी से लोगों से आराम से बैठने को कहा और ऐलान किया कि किसी को भी उनसे घबराने की कोई आवश्यकता नहीं है। उन्होंने अपना काम कर लिया है, अब किसी को भी उनसे घबराने की जरूरत नहीं है। क्योंकि वह कोई पेशेवर हत्यारे नहीं हैं......। ना ही वह यहां हत्याएं करने आए हैं। इसके साथ ही मदनलाल ढींगरा ने बड़े ही इत्मीनान से अपनी खुली हुए पगड़ी बांधी। एक अंग्रेज दर्शक ने जब उन्हें हत्यारा कहकर सम्बोधित किया तो उन्होंने उसे गुस्से से झिड़कते हुए कहा, "मैं एक देशभक्त भारतीय हूं। मैंने सर कर्जन वामली को मार कर कोई भी गलत काम नहीं किया है। अगर आज इंग्लैंड के ऊपर जर्मनी का शासन हो जाए तो कोई भी अंग्रेज दासता से अपना पीछा छुड़ाने के लिए ऐसा ही कदम उठाता.....। मैंने जो भी किया अपने देश के लिए किया है, जिसके लिए मुझे जरा भी ग्लानि नहीं है।"

तब तक किसी ने लंदन पुलिस को टेलीफोन पर सूचना दे दी थी। मदनलाल ढींगरा ने उस स्थान से भागने का जरा भी प्रयास नहीं किया। वह बड़ी ही शान से और इत्मीनान से खड़े हुए हंसते रहे और लोगों से हंसी-मजाक करते रहे।

लंदन पुलिस ने आकर तुरंत ही मदनलाल ढींगरा को गिरफ्तार कर लिया। अपनी गिरफ्तारी के समय तक मदनलाल ढींगरा शांतचित्त थे। उन्होंने पुलिस प्रमुख से कहा, "जरा दो मिनट रुकना जरा मैं अपना चश्मा ठीक कर लूं।" संयोगवश उस दिन सावरकर लंदन में उपस्थित नहीं थे बल्कि अपने एक व्यक्तिगत काम से रीडिंग नामक कस्बे की यात्रा पर गए थे।

मदनलाल ढींगरा को गिरफ्तार करके तुरंत ही मजिस्ट्रेट के सामने पेश किया, जिसने उन्हें सात दिन तक पुलिस रिमाण्ड देकर हिरासत में ही पेण्टोन्वविली जेल में रखने का आदेश दिया, जहां रातों-रात ही मदनलाल ढींगरा को पहुंचा दिया गया।

तूफान के बाद

मदनलाल ढींगरा का नाम, अचानक ही सारे इंग्लैंड में और बिजली जैसी तेजी से सारे हिन्दुस्तान में फैल गया। सारे भारत के क्रांतिकारियों के बीच खुशी की लहर दौड़ गई। कर्जन वामली उन सबका पक्का दुश्मन था। उसकी मृत्यु का समाचार तो सारे देशवासियों के लिए बहुत ज्यादा खुशी का समाचार था। आज ऐसे निर्मम और निरंकुश व्यक्ति की मौत की खबर, उनके लिए बहुत खुशी की खबर थी। और ऐसे व्यक्ति को मौत के घाट तक उतारने वाला व्यक्ति मदनलाल ढींगरा रातों-रात देशभक्त, भारतवासियों के बीच हीरो बन गया।

अमृतसर में मदनलाल ढींगरा के घर भी समाचार पहुंचा...। मदनलाल ढींगरा के पिता डॉ. साहब दित्तामल ने तुरंत एक वक्तव्य जारी कर कहा.... इसने मेरे नाम को कलंकित कर दिया है, मैं मदनलाल ढींगरा को आज से अपना पुत्र ही नहीं मानता हूं।

मदन के बड़े भाई का कहना था...मैं इसे अपना भाई मानने को ही तैयार नहीं हूं। इसने सर कर्जन वामली जैसे महान् व्यक्ति की हत्या करके जो गंभीर अपराध किया है, उसकी कड़ी से कड़ी सजा इसे मिलनी चाहिए। उनके इस दुष्कर्म के प्रति घर की यानी परिवार की कोई जिम्मेदारी नहीं होगी।

जहां उनके परिवार के लोग उनकी बुरी तरह निन्दा कर रहे थे, वहीं दूसरी ओर बहुत से ऐसे देशभक्त भारतीय थे जो उन्हें अपना सगा भाई समझ रहे थे....सगा पुत्र समझ रहे थे।

2 जुलाई की सुबह के समय लंदन पुलिस के कमिश्नर की ओर से शिमला स्थित क्रिमिनल इंटेलीजेंस के डायरेक्टर के नाम एक तार भेजा गया....जिसमें लिखा गया था..कल रात को ग्यारह बजे मदनलाल ढींगरा द्वारा जो गुरदासपुर के सिविल सर्जन का पुत्र बतलाया जाता है। सर डब्लू. कर्जन वामली की हत्या कर दी गई है। उसी के साथ एक पारसी सज्जन जिसका

नाम कावस लालका है मारे गए हैं। अभियुक्त के संबंध में जानकारी लौटती डाक से भेजें।

इस तौर की प्रतिलिपि से कलकत्ता को बंगाल की पुलिस को यह डर महसूस हुआ कि कहीं मदनलाल ढींगरा बंगाली ना हो।

मदनलाल ढींगरा को रात भर नींद नहीं आई। वे अधिकतर अपना समय, अपना बयान तैयार करते रहे, जो फांसी के समय पढ़ना चाहते थे। पैंटोनविली जेल के अहाते में उन्होंने अपना यह बयान रात में कई बार पढ़ा और उसे जारे-जोर से दोहराया......। जब-जब वह अपना बयान दोहराते उनका चेहरा बुरी तरह दमक उठता व उनकी आंखों में अनोखी चमक आ जाती। मदनलाल ढींगरा बार-बार अपने इस बयान को तब तक पढ़ते रहे जब तक उनके मन की आग शांत नहीं हो गई और वे इस लायक नहीं हो गए कि उसे संयत स्वर में गंभीरता से पढ़ सकें।

सावरकर के रीडिंग से लौटने के बाद 5 जुलाई 1909 को इंडिया हाऊस में एक सभा आयोजित की गई, जिसका उद्देश्य मदनलाल ढींगरा के इस कुकृत्य की निंदा करना था। सबसे पहले वक्ता सावरकर ही थे...।

सावरकर ने एक स्वर से ढींगरा के इस कार्य को देशभक्ति का कार्य बतलाया और मदन भाई को देश का सच्चा सपूत बतलाया। सावरकर की इस बात से ही उक्त सभा में तीव्र उत्तेजना फैल गई। कई लोगों ने उठकर सावरकर का सख्त विरोध किया....और उन्हें धक्के मारकर इस सभा से निकाल दिया गया।

यही स्थिति सरोजनी नायडू के भाई वीरेन्द्रनाथ चट्टोपाध्याय की हुई.... जिन्होंने सावरकर की ही भांति मदनलाल ढींगरा के कार्य को देश भक्ति का कार्य ठहराया था। वीरेन्द्रनाथ चट्टोपाध्याय के सिर की कीमत बाद में अंग्रेजी सरकार ने जिंदा या मुर्दा 10 हजार पौंड आंकी थी।

लंदन टाइम्स में लिखे अपने पत्र में श्री चट्टोपाध्याय ने कहा– "भविष्य में फांसी के तख्ते पर चढ़ने वालों की संख्या और अधिक हो जाएगी और इसकी जिम्मेदारी उन लोगों पर ही होगी। जो ये सोचते हैं कि भारत की स्वतंत्रता की अवहेलना करके, भारत पर हमेशा ब्रिटेन का कब्जा रखा जाए।"

इस सभा के बीच में जैसे ही सभा के अध्यक्ष आगा खान ने, मदनलाल ढींगरा के कार्य की निंदा किए जाने का प्रस्ताव रखा था। तभी सावरकर अपने मित्रों के साथ फिर वापिस उसी सभा भवन में लौट आए। उन्होंने चिल्लाते हुए कहा एक साहसी भारतीय युवक अपने प्राणों की बलि चढ़ा रहा है और आप सब भारतीय होते हुए भी उसका कोई साथ नहीं दे रहे हैं। अगर साथ भी नहीं दे सकते हैं तो निंदा प्रस्ताव रखने का अधिकार भी नहीं है।

आगा खां क्रुद्ध हो गए, वह बोले यह प्रस्ताव पास होकर ही रहेगा। सावरकर ने कहा, तो यह सर्वसम्मत प्रस्ताव कभी नहीं हो सकता।

सावरकर के इतना कहते ही आगा खान की बोलती बंद हो गई। बाकी उपस्थित सारे भारतीय इधर-उधर सरक गए। इस स्थिति को देख कर एक अंग्रेज बहुत ही कुपित हुआ। उसने सावरकर के मुंह पर एक घूंसा जमा दिया और बोला, इस घटना से हुआ अंग्रेज जाति के नुकसान का इतना फल तो भुगत लो।

चोट से सावरकर जी का चश्मा टूट कर गिर गया और उनकी नाक से खून बहने लगा। पर सावरकर जी ने बिना विचलित हुए कहा – चाहे जो हो जाए मैं इस प्रस्ताव का हमेशा विरोध करता रहूंगा।

इसी बीच सावरकर के साथी क्रांतिकारी थिरूमल आचार्य ने अपना डंड़ा उठाकर उस अंग्रेज की अच्छी खासी पिटाई कर दी। और इसके बाद उससे बोले– अब जरा भारतीय क्रोध का मजा भी तो ले लो । वह अंग्रेज अधिकारी अपनी लंगड़ी टांग घसीटता हुआ कायरों की तरह दुम दबाकर ही भाग गया। एक ओर सावरकर जैसे ढींगरा के मित्र थे, जो रह हाल में उनसे प्रेम करते थे और उनके सम्मान कर रक्षा करना अपना परम कर्तव्य समझते थे।

दूसरी और उनके जन्मदाता उनके पिता डॉ. साहब दित्तामल थे जिन्होंने लॉर्ड मिंटो के निजी सचिव सर डनलप मिंटो को एक पत्र लिखा– जिसमें उन्होंने अपनी तीस साल की महवपूर्ण सरकारी सेवा का हवाला देते हुए अंग्रेज सरकार के प्रति दर्शाई गई वफादारी का भी जिक्र किया। इसके बाद उन्होंने इस बात पर सख्त अफसोस जाहिर किया कि, "हमारा परिवार अपने इस पागल पुत्र के इस भयावह और हृदय विदारक कुकृत्य के लिए अपनी हार्दिक संवेदना प्रकट करता है। मैं विश्वास दिलाता हूं कि अपने इस दुष्ट पुत्र कि

मृत्यु से कतई दु:खी नहीं होऊंगा। किन्तु उस महान व्यक्ति सर कर्जन वामली की दुख:द मृत्यु से बहुत ही दु:ख व कष्ट महसूस कर रहा हूं। मेरे उक्त दुष्ट पुत्र के इस कार्य ने अपने सारे परिवार को इस असम्मानजनक स्थिति में पहुंचा दिया है। हमारा परिवार सदा सरकार का कृतज्ञ रहा है जिनसे हमें बहुत सम्मान और सहूलियतें दी हैं।"

7 जुलाई को मदनलाल ढींगरा के दो बड़े भाइयों ने सर स्मिथ से व्यक्तिगत मुलाकात की। उनके समक्ष लिखित उद्घोषणा की हम मदनलाल ढींगरा को शहीद नहीं मानते हैं जैसा कि कुछ लोग कह रहे है। हम तो उसे पागल करार देते हैं और उसके इस कार्य की पूरी निंदा करते हैं व इस कार्य को अमानुशिक कार्य ठहराते हैं।

मदनलाल ढींगरा के कानों को अपने मां जाये सगे भाइयों के सदविचार और अपने पिता की अंग्रेजों के प्रति गुलामों जैसी भाषा के पत्रों की पूरी-पूरी जानकारी मिल गई थी। यह सब जानकर उन्हें अत्यंत वेदना हुई।

जब सावरकर जी उनसे मिलने ब्रिक्स्टन करागार में गए तो मदन भाई बड़े ही आह्लादपूर्वक मिले और बोले, "सावरकर जी मैंने जो किया अच्छा किया मैंने लालका को जबरदस्ती नहीं मारा था। वह तो बीच-बचाव में कूद गया इसलिए मर गया। कर्जन वामली को मारकर मैंने अपना कर्तव्य पूरा किया है, मेरी मृत्यु के बाद मेरे शरीर को आप ही हाथ लगाना और कोई अहिन्दू मेरे मृत शरीर को भी हाथ न लगाए । मेरा अन्तिम संस्कार आप हिन्दू पद्धति से करना और मेरा समान नीलाम करवाकर जो धन इकट्ठा हो उसे क्रांतिकारीयों के लिए बने कोष में दान दिया जाए।"

सावरकर और मदन भाई दोनों ही जानते थे यह उनकी अंतिम भेंट है। क्रांतिकारियों की जान तो हमेशा ही हथेली पर होती है। पर इस बात से दोनों ही जरा भी विचलित नहीं थे। अन्तिम बार गले मिलते समय भी दोनों ही देश के सपूतों ने अपनी आंखों के आंसू अपनी-अपनी आंखों में ही दबा लिए। कहीं किसी के आंसू देखकर दूसरे का मन कमजोर ना पड़ जाए।

ऐतिहासिक मुकदमा

काफी तैयारियों के बाद ब्रिटिश पुलिस ने मदनलाल ढींगरा को 10 जुलाई 1909 को लंदन के वेस्ट मिनिस्टर स्थित 'औल्ड वैली कोर्ट' में पेश किया। उस समय तक मदनलाल ढींगरा सारे संसार में चर्चित हो चुके थे। इसलिए सारे लंदन के भारतवासी व लंदन के भारत विरोधी नागरिक भी उस व्यक्ति को देखने के बहुत इच्छुक थे, जिसने एक उच्च पदस्थ अफसर को भरी हुई सभा में मौत के घाट उतार दिया था।

मदनलाल ढींगरा, ब्रिक्स्टन कारागारमें भी उतने ही प्रसन्नचित थे जितने अपने घर 108, लेदी बेरी रोड पर रहते थे। उन्हें मां-बाप, पत्नी, एकमात्र पुत्र और सगे भाइयों की न कोई परवाह थी ना ही कोई मोह ममता थी। उन्हें चिन्ता थी तो अपने प्यारे देश हिन्दुस्तान की, जिसकी धरती पर उस समय अंग्रेजों का राज्य था।

10 जुलाई 1909 को ओल्ड वैली की अदालत में भी मदनलाल ढींगरा अपनी मस्त चाल चलते हुए, शेर जैसी शान से अदालत में दाखिल हो गए। उनके अदालत में पहुंचते ही शोर मच गया। अंग्रेज मजिस्ट्रेट ने बड़ी मुश्किल से शोरगुल कम कराया और मदनरलाल ढींगरा से पूछा, "क्या उन्हें अपनी सफाई में कुछ कहना है। मदनलाल ढींगरा ने अपनी जेब से एक वक्तव्य निकालकर दिखलाते हुए कहा मैं अपने इस कार्य को न्यायोचित सिद्ध करने के लिए अवश्य मुझे कुछ कहना है। मैं इसे उचित नहीं मानता हूं कि किसी अंग्रेज अदालत को यह अधिकार हो कि मुझे सजा दे, या मुझे जेल में रखें या मृत्युदण्ड दें। यही कारण है कि मैंने अपने बचाव के लिए अब तक कोई वकील नहीं किया है। लेकिन मैं यह मानता हूं कि किसी भी अंग्रेज को जब राष्ट्र-भक्त माना जाएगा यदि वह उन जर्मनों के खिलाफ लड़े जो कि उसके देश पर अपना अधिकार करने आए हों। यह बात विशेष रूप से मेरे इस मुकदमे में न्यायोचित है कि मैं भी अंग्रेजों के खिलाफ संघर्ष करूं। मैं अंग्रेजों

को अपने देश के तीस करोड़ आदमियों का खूनी मानता हूं। मेरा आशय 50 वर्षों के उनके काले कारनामों से है। यही नहीं, वे प्रतिवर्ष 10 करोड़ पौण्ड का धन भारत से अपने देश इंग्लैंड में ले जाते हैं। मैं उनको अपने देशवासियों को सताने और अनेक को मृत्यु दण्ड देने का जिम्मेदार भी ठहराता हूं। वे हमारे देश में जाकर वहीं कार्य करते हैं जो यहां रहने वाले अंग्रेज उनको सलाह देते हैं। एक अंग्रेज जो हिन्दुस्तान में 100 पौंड प्रतिमाह वेतन पाता है उसकी उसकी इस तनख्वाह का सीधा अर्थ यह है कि वह मेरे गरीब देश के एक हजार आदमियों का खाना छीनकर उन्हें मौत के मुंह में धकेलता है। मेरे एक हजार देशवासी उस 100 पौंड से एक माह तक बहुत आराम की जिन्दगी जी सकते हैं जिसे ये अंग्रेज अपने ऐशो आराम और ऐयासी में खतम कर देते हैं।

जिस प्रकार जर्मनों को यह अधिकार नहीं है कि वह देश पर अपना कब्जा करें, उसी प्रकार अंग्रेज जाति को भी यह अधिकार नहीं है कि वह अपना प्रभुत्व मेरे देश भारत पर जमाएं और यह भी पूर्णत: न्यायोचित है कि हमारे पवित्र देश को जो अंग्रेज अपवित्र करना चाहते हैं उनको भी मौत के घाट उतारा जाए। मैंने अंग्रेजों को शोषित मानवता अर्थात कांगो आदि देशों की जनता के रक्षक होने का दावा करते देखा है तो मुझे हैरत होती है। क्योंकि मुझे मालूम है कि वे अपनी मिथ्या शक्ति का प्रदर्शन और प्रचार का घृणित मुखौटा पहने हुए हैं। यही नहीं, हिन्दुस्तान में वह प्रत्येक वर्ष 20 लाख आदमियों की हत्या करते हैं और स्त्रियों का अपमान करते हैं। उनका यह बर्बर, नृशंस अत्याचार वहां बढ़ता ही जा रहा है। यदि यह देश जर्मनों के कब्जे में आ जाए और कोई अंग्रेज लोग अपने लंदन शहर की गलियों में विजेता के रूप में घूमते जर्मनों को देखकर गुस्से में भर जाए और उनमें से एक दो का खून कर दे, तो वह अंग्रेज, इस देश का बहुत बड़ा देशभक्त स्वीकार किया जाएगा। इसी प्रकार मैं भी एक बहुत बड़ा देशभक्त हूं जो कि अपनी मातृभूमि के लिए अपने प्राण उत्सर्ग कर रहा हूं। इससे अधिक मुझे जो कुछ कहना है वह मेरे उस वक्तव्य में है जो मैं अदालत में दे चुका हूं। मैं यह मांग रहा हूं या ऐसी ही कोई मदद चाहता हूं। मैं तो यही चाहता हूं कि मुझे यह अंग्रेज अदालत मौत की सजा दे ताकि मेरे देशवासियों में विद्रोह की आग और भी तेजी से भड़क उठे।"

मदनलाल ढींगरा का यह बयान उनके विचारों के अनुरूप था। सावरकर समेत अनेक क्रांतिकारियों व देशभक्तों को उनसे इसी प्रकार के बयान की आशा थी। पर साधारण नागरिकों और अंग्रेज नागरिकों को यह बयान चौंकाने वाला लगा। कुछ उदारवादी अंग्रेज मदनलाल ढींगरा के इस बयान से बहुत प्रभावित हुए और ऐसे अंग्रेजों का एक अलग वर्ग बन गया जो मदनलाल को किसी सजा का हक़दार नहीं मानते थे।

इस मुकदमे को सुनने वाले जज ने इस मुकदमे का फैसला लगभग बीस मिनट से भी कम समय में ही दे दिया और उसी दिन फांसी पर चढ़ाने के इस फैसले के साथ ही मदनलाल ढींगरा को फांसी पर चढ़ाने की तारीख 17 अगस्त 1909 भी तय कर दी गई जो कि न्याय के इतिहास में एक अनोखा कदम बतलाया जाएगा।

आज तक किसी अदालत ने किसी भी अपराधी की फांसी लगने की तारीख खुद मुकर्रर नहीं की है। क्योंकि किसी भी अदालत का काम फांसी की सजा को क्रियान्वित करना नहीं है क्योंकि फांसी देने का काम प्रशासन का है। वही फांसी देने की व्यवस्था करती है और वही फांसी की तारीख मुकर्रर करता है। अदालत का काम तो मात्र फांसी देना है, उसे क्रियान्वित करने का काम सरकार का है।

पर अन्याय के नाम पर न्याय का ढोंग रचाने वाली सरकार शायद अपने द्वारा निर्धारित नीतियों व प्रशासनिक कार्यो की सीमा को भूल गईं थीं या उसने मदनलाल ढींगरा जैसे अमर शहीद की हिम्मत से घबराकर ही साम-दाम-दंड-भेद अपने हाथ में ले लिया था।

मदनलाल ढींगरा के इस मुकदमें में न्याय के बुनियादी सिद्धातों तक को ताक पर रख दिया था। मदनलाल ढींगरा का बचाव करने वाला कोई वकील नहीं था। साथ ही उनसे सिवाय सफाई मांगने के और कोई मौका न्याय के नाम पर उन्हें नहीं दिया। न्यायधीश द्वारा फांसी दिए जाने का फैसला सुनाए जाने के तत्काल बाद ही, मदनलाल ढींगरा ने ऊंचे स्वर में कहा, "मुझे इस बात का बहुत गर्व है कि अपने देश की खातिर प्राण उत्सर्ग कर रहा हूं। लेकिन याद रखो- जल्द ही मेरा देश आजाद होगा।"

मदनलाल ढींगरा को फांसी दिए जाने की खबर भी सर कर्जन वामली की मौत की तरह आग की भांति पूरी दुनिया में फैल गई।

जगह-जगह इस सजा को अन्याय के रूप में लिया जा रहा था। मदनलाल ढींगरा ने जो लिखित बयान पुलिस को दिया था उसे ब्रिटिश पुलिस छिपा गई थी। पर मदनलाल ढींगरा चाहते थे कि उनका यह बयान किसी तरह आम जनता के सामने आए।

सावरकर जी के पास इस बयान की प्रतिलिपि थी। उन्होंने क्रांतिकारी ज्ञानचंद वर्मा को इस गुप्त बयान की प्रतिलिपि देकर गुप्त रूप से रातों-रात पेरिस रवाना कर दिया ताकि सारे विश्व के अखबारों में यह बयान आ जाए। जर्मन, इटली, अमेरीका जैसे देशों और लंदन के प्रमुख अखबारों 'डेली न्यूज' ने यह बयान बड़े ही महत्त्वपूर्ण रूप से छापा जो सावरकर के एक अंग्रेज मित्र के माध्यम से ही प्रकाशित हो पाया। 16 अगस्त तक यह बयान सारे अखबारों में आ गया।

बयान इस प्रकार था– "यह सत्य है कि मैंने एक अंग्रेज का खून बहाने का प्रयत्न किया है। अंग्रेज भारत का जो प्रताड़न कर रहे हैं यह उसका छोटा सा बदला है। अपने इस कृत्य के लिए मैं अकेला जिम्मेदार हूं। मेरा देश परतंत्र है। स्वतंत्रता प्राप्त करने के लिए हमें बहुत ही कठोर संघर्ष करना पड़ेगा। हमें हथियार रखने की अनुमति नहीं है। हम यहां बंदूके नहीं रख सकते हैं इस कारण ही मैंने पिस्तौल से हमला किया था।

मैं एक हिन्दू हूं। अपने राष्ट्र के अपमान को अपने देवता का अपमान मानता हूं। मैं कोई चतुर नहीं हूं ना ही बहुत शक्तिमान हूं। अपने लहू के अतिरिक्त मैं अपनी भारत माता को क्या समर्पित कर सकता हूं। इस कारण मातृभुमि की सेवा ही श्रीराम की सेवा है, श्रीकृष्ण की सेवा भी मेरे लिए भारत माता की ही सेवा है। इसके लिए ही मैं अपने प्राण न्योछावर कर रहा हूं। मुझे इस बात पर बहुत ज्यादा गर्व है। मेरी यही चाह है कि जब तक भारतमाता स्वतन्त्र नहीं हो जाती मेरा जन्म बार-बार भारत की धरती पर हो ताकि मैं बार-बार अपने प्राण भारत के लिए बलिदान कर सकूं। ईश्वर मेरी चाह पूरी करे। वन्दे मातरम्।"

इस बयान ने बहुत ही ज्यादा तहलका मचा दिया। कई अंग्रेज व्यक्तियों ने भी मदनलाल ढींगरा के इस कार्य की पूरी तरह सराहना की।

पर सरकार अपने दृढ़ निश्चय पर अटल थी। उसने पहले ही मदनलाल ढींगरा की कोर्ट द्वारा फांसी की तारीख 17 अगस्त 1909 को स्वीकार कर लिया था।

सन् 1931 में लाहौर स्पेशल ट्रिब्यूनल ने एक और क्रांतिकारी अमर शहीद भगतसिंह की फांसी की सजा देने के साथ ही फांसी की तारीख भी तय कर दी थी। क्रांति की जैसी परम्परा मदन ने कायम की थी वैसे ही नियति ने उनकी फांसी की तारीख तय करने वाली बात को भी एक अजीब परम्परा का उदाहरण बना दिया था।

फांसी

आखिर 17 अगस्त 1909 का दिन भी आ गया। लंदन के पेंटन विले जेल में मदनलाल ढींगरा को मृत्युदंड की सजा दी जाने वाली थी। मदनलाल ढींगरा तो बड़े ही साहस और बेसब्री से इस मौके का इन्तजार कर रहे थे।

सावरकर और उनके मुट्ठी-भर साथी आज भी उनको फांसी दिए जाने के शोक में भाव विह्वल हुए जा रहे थे। उन्होंने इस फांसी को दिए जाने के अवसर पर एक पर्चा छपावाया. . . . और 16 अगस्त की आधी रात से ही वह लोग इस ऐतिहासिक पर्चे को लेकर लंदन की सड़कों पर आ गए. . . और हर जाने वाले के साथ-साथ दौड़ते हुए वह यह पर्चा थमाते और प्रार्थना करते. . . इसे ध्यान से पढ़िए भाई साहब, ऐसी हमारी प्रार्थना है। उस ऐतिहासिक पर्चे में छपा था– आज 1909 की 17 अगस्त है। आज का दिन प्रत्येक राष्ट्र भक्त भारतीय के हृदय पर रक्त से अंकित किया जाना चाहिए। आज हामरे मित्र और महान देशभक्त क्रांतिकारी मदनलाल ढींगरा को पेंटोन विले कारागार में फांसी के तख्ते पर लटका दिया जाएगा। उनकी प्रेरणा शक्ति हमारा सदा ही पथ-प्रदर्शन करेगी। उनका नाम इतिहास में सुन्दर पृष्ठों पर शोभा बढ़ाएगा। वे अंग्रेज हमारे स्वतन्त्रता संग्राम को कभी कुचल नहीं सकते हैं. . .।

17 अगस्त की भोर तक यह पर्चा हाथों-हाथ ही हजारों भारतवासियों और मदनलाल ढींगरा के प्रशंसको तक जा पहुंचा था।

17 अगस्त 1909 को फांसी के तख्ते पर चढ़ने से पूर्व अमर शहीद मदनलाल ढींगरा ने अपनी आखिरी इच्छा प्रकट की कि, "मैं अपनी मातृभूमि पर ही दोबारा जन्म लूं और मैं पून: स्वतन्त्रता के समर में ही मारा जाऊं। यह क्रम तब तक चलता रहे जब तक कि मेरा देश स्वतंत्र नहीं हो जाता है...।

मेरे देश में देशभक्त भारतीय युवकों को जो भीषण यंत्रणायें दी जा रही

और जिन बेकसूर लोगों को फांसी दी जा रही है उनके प्रति मेरी यह प्रतिक्रिया मात्र है।"

अपने 'चुनौती' नामक एक अन्य वक्तव्य में मदनलाल ढींगरा ने कहा था– "मेरे को यह विश्वास है कि विदेशी संगीनों के साए में पनप रहे राष्ट्र में एक युद्ध की तैयारी अवश्य चल रही होगी। चुंकि यह लड़ाई असंभव मालूम पड़ती है और तमाम बंदूकों पर प्रतिबंध लगा दिया गया है, ऐसी स्थिति में मैं यही कर सकता था कि अपनी पिस्तौल निकालकर गोली मार दूं। मेरे जैसा गरीब और सामाजिक रूप से अप्रतिष्ठित व्यक्ति यही कर सकता था कि अपनी मातृभूमि के लिए अपना रक्त बहाऊं, और यहीं मैंने किया है। आज की स्थिति में हर भारतीय के लिए एक ही सबक है कि वह यह सीखे कि मृत्यु का वरण कैसे किया जाए और यह शिक्षा तभी फलीभूत होगी जबकि हम अपने प्राणों की मातृभूमि पर बली चढ़ा दें। इसलिए मै मर रहा हू और मेरे शहीद होने में देश का मस्तिष्क ऊंचा ही होगा. . . .।

17 अगस्त 1909 की आज सुबह ही मदनलाल ढींगरा को फांसी के तख्ते पर ले जाया गया। उस दिन उन्होंने अंग्रेज अधिकारियों से कहा कि "उनके शरीर को हिन्दू रीति से जलाने के लिए सावरकर जी को सौंप दिया जाए।" जिसे अंग्रेज अधिकारियों ने एक कैदी की अंतिम इच्छा के रूप में भी अस्वीकार कर, अपनी नैतिकता पर एक और कलंक का टीका लगा लिया।

मदनलाल ढींगरा की फांसी का कोई गवाह आज भी उपलब्ध नहीं है पर उनके चरित्र के अनुरूप, हमें आज भी यह पक्का विश्वास है कि उन्होंने फांसी के फंदे तक हसंते हुए ही कदम बढ़ाया होगा. . .। और हंसते हुए ही फांसी का फंदा अपने गले में ही पहना होगा। और उसी वीरता से अपने प्राणों को उत्सर्ग किया होगा। उनका चेहरा मरने के बाद भी हंसता, खिलखिलाता-सा होगा।

मदनलाल ढींगरा का शव बिना सावरकर को दिए हुए पेंटोनविले के एक अनजान श्मशान गृह में चुपचाप गाड़ दिया गया। उस स्थान पर न कोई स्मारक ही बन सका और ना कोई शिलालेख ही लगाया गया। इतनी शोहरत की मौत

मरा यह वीर गुमनाम कब्र के साये में सोता रहा।

बड़े ही सरकारी प्रयत्नों व लिखा-पढ़ी के बाद 1963 में मदनलाल ढींगरा के अवशेषों को इंग्लैंड से आजाद हिन्दुस्तान लाया गया। यहां पालम हवाई अड्डे से यह अस्थि अवशेष अमृतसर ले जाए गए। जहां आज भी यह अवशेष, उनके कार्यों की ऐतिहासिक याद दिला रहा है। सदा याद दिलाता रहेगा।

प्रतिक्रिया

मदनलाल ढींगरा को फांसी दिए जाने के बाद आयरिस़ समाचार पत्रों ने मदनलाल ढींगरा को बहादुर व्यक्ति की संज्ञा दी। इसी प्रकार काहिरा से प्रकाशित होने वाले, मिस्र के समाचार-पत्र 'लल्ल पेट्री इजिप्श्यन' ने आगामी 40 वर्षो के बीच में ब्रिटिश साम्राज्य के पतन की भविष्यवाणी की थी इस समाचार पत्र ने ही मदनलाल ढींगरा को अमर शहीद की उपाधि दी थी।

श्रीमती ऐनी बेसेंट ने कहा इस समय देश को बहुत से मदनलाल ढींगरा जैसे अमर शहीदों की बहुत आवश्यकता है।

वीरेन्द्र नाथ चट्टोपाध्याय ने मदनलाल ढींगरा की स्मृति में एक मासिक पत्रिका प्रारम्भ की। यह पत्रिका बर्लिन से श्रीमती कामा द्वारा प्राकाशित की जाती थी। इसका नाम 'मदन तलवार' (मदन की तलवार)था। कुछ समय बाद ही यह पत्रिका विदेश में रहने वाले भारतीय क्रांतिकारियों की विचार-धाराओं का मुखपत्र बन गई थी। लेकिन कांग्रेस के पंडित महामना मदनमोहन मालवीय ने लाहौर में कांग्रेस के अपने अध्यक्ष पद से भाषण देते हुए कहा, "मदनलाल ढींगरा ने बहुत ही अमानवीय कार्य किया है जो अशोभनीय अपराध कहा जाएगा. . .।" लेकिन भारत की अपनी अविस्मरणीय घटना मानकर उन्हें शहीद के नाम से विभूषित किया। 1919 में प्रकाशित श्री डब्ल्यू. डब्ल्यू. ब्लण्ट ने अपनी पुस्तक में अमर शहीद मदनलाल ढींगरा की बहादुरी की बहुत प्रशंसा करते हुए लिखा है, "ढींगरा ने जिस बहादुरी के साथ एक न्यायधीश के सामने अपना ओजस्वी बयान दिया वैसा किसी भी ईसाई शहीद ने नहीं दिया होगा।

संयुक्त राज्य अमेरिका में गदर पार्टी का आरम्भ करने वाले लाला हरदयाल के अनुसार, "ढींगरा ने मृत्यु का उसी तरह वरण किया जैसे कि पुराने राजपूत वीर और सिखकिया करते थे। इंग्लैंड सोचता है कि उसने ढींगरा को मार दिया है लेकिन सच यह है कि वह हमेशा अमर रहेगा और उसने भारत में अंग्रेजों

की प्रभुसत्ता को एक करारा तमाचा दिया है . . .।

पंजाब केसरी लाला लाजपतराय ने मदनलाल ढींगरा को अत्यन्त बहादुर क्रांतिकारी की श्रेणी में रखा। उन्होंने ही पंजाब में अमर शहीद की प्रतिमा लगाने की जो अपील की जो आज तक पूरी नहीं हुई।

सच है जिस व्यक्ति को सगे बाप ने अपना बेटा स्वीकार नहीं किया हो, भाइयों ने भाई ना माना हो. . . . उसके देशवासी उसको कैसे आसानी से अमर शहीद स्वीकार कर सकते हैं. . . .।

उपेक्षित मदनलाल ढींगरा

वीरों की मौत के साथ ही उनके जीवन की कहानी कभी समाप्त नहीं होती है। बल्कि वीर की मौत के बाद तो त्याग और बलिदान का एक अनोखा सिलसिला प्रारम्भ होता है जो अनवरत चलता ही जाता है। और अपने बलिदान से जब तक अपने लक्ष्य की पूर्ति नहीं हो जाती यह सिलसिला चलता रहता है।

मदनलाल ढींगरा के बलिदान के बाद....आज तक देश के प्रति जान की बाजी लगाने का यह सिलसिला चलता आ रहा है।

आज भी मदनलाल ढींगरा के विषय में कोई प्रामाणिक जानकारी उपलब्ध नहीं है। अमृतसर की नगर पालिका के जीर्ण-शीर्ण अभिलेखों में उनके जीवन का कोई रिकॉर्ड उपलब्ध नहीं है। वहां के उस समय के अस्पतालों में कोई ऐसा रिकॉर्ड नहीं है जो उनकी ठीक-ठीक जन्म तिथि के विषय में कोई निश्चित सी सूचना दे दें। ना ही ढींगरा परिवार के अमृतसर आ बसने का कोई सीधा प्रमाण मिलता है। बस ऐसी कुछ सूचनाएं हैं कि मदनलाल ढींगरा के जन्म के तीस वर्ष पूर्व ही मदन के पिता डॉ. साहब दित्तामल ने बहुत-सी जमीन-जायदाद इकट्ठा की थी। वह स्वयं और उनके सभी पुत्र अंग्रेजों के मित्र थे। इस कारण मदनलाल ढींगरा के बलिदान के बाद उनका पूरा परिवार अंग्रेज सरकार से हर तरह से माफी मांगता रहा। इससे भी जब संतोष नहीं मिला तो मदनलाल ढींगरा के पिता डॉ. दित्तामल ने यह घोषित कर दिया कि मदनलाल ढींगरा नामक व्यक्ति उनका पुत्र ही नहीं है।

इसी प्रकार मदन के छोटे भाई कुंदनलाल ने जो बहुत बड़े व्यवसाई थे ने तथा, उनके दो अन्य भाइयों जो वकील और डॉक्टर थे, ने भी मदन के इस दुष्कर कार्य की निंदा की और यह घोषित कर दिया कि उनका मदनलाल ढींगरा से कोई भी संबंध नहीं है....वह ना उसे अपना भाई मानते हैं और ना ही उनका उससे कोई भी पारिवारिक़ संबंध है। इसका सबसे बड़ा कारण यही

था कि अमर शहीद मदनलाल ढींगरा के ये सारे भाई अव्वल नम्बर के चापलूस थे। अंग्रेज सरकार के इतने ज्यादा वफादार थे कि अपने सगे भाई को भाई कहना तक भी इनको पसंद नहीं आया। इसी कारण इन तथाकथित भाइयों और इन सबके पिता डॉ. साहब दित्तामल ने निश्चित रूप से अमर शहीद से संबंधित सारी जानकारियां अस्पताल से और म्युनिसिपिल दफ्तर से गायब ही करा दी होंगी। वैसे तो डॉ. साहब दित्तामल स्वयं रिटायर सिविल सर्जन थे और अंग्रेज सरकार के उच्च पदस्थ अधिकारी थे। उनके सभी पुत्र अंग्रेज हुकूमत के कृपापात्र थे और रिश्वत देकर भी यह काम आसानी से करा सकते थे, ताकि सारी जिंदगी कोई भी व्यक्ति उनका संबंध मदनलाल ढींगरा जैसे व्यक्ति से नहीं जोड़ सके।

यही स्थिति उनकी पढ़ाई के संबंध में पैदा की गई है। उनकी पढ़ाई बीच-बीच में क्यों बन्द हो गई और फिर काफी समय के लिए क्यों पूरी तरह छूट गई इसका भी कोई पक्का पता नहीं चलता है। कहीं कोई उल्लेख नहीं मिलता।

आजादी के बाद की हमारी कांग्रेस सरकार ने भी अमर शहीद मदनलाल ढींगरा के विषय में कोई विशेष रुचि नहीं ली। इन लोगों ने भी अपना प्रारंभिक समय अपने व्यक्तिगत लाभ और जो कुछ बोया था उसे काटने में लगाया। अंग्रेज सरकार ने तो मदनलाल ढींगरा की यह अन्तिम इच्छा पूरी नहीं की थी कि वह उनका शरीर उनके परम मित्र श्री विनायक दामोदर सावरकर को सौंप दें। कोई भी अहिन्दू उनके शव का स्पर्श ना करे। और सावरकर पूरी तरह, हिन्दू शास्त्र सम्मत वैदिक नियमों के साथ उनके शव का अन्तिम संस्कार दाह-कर्म करें।

पर न्याय के लिए विख्यात, अन्यायी सरकार ने मदनलाल ढींगरा का शव, सावरकर को नहीं सौंपा। बल्कि मदनलाल ढींगरा के शव को जानबूझकर, जमीन में दफनाने का निर्णय किया गया, जो कि सनातन हिन्दू धर्म के सर्वथा विपरीत है। इसका कारण, अंग्रेज सरकार का वह पत्र है जो इंग्लैंड से भारत सरकार को लिखा गया था.....। पत्र में लिखा है कि-"हम यह नहीं चाहते हैं कि इस शहीद के अवशेष भारत को पार्सल से भेजे जाएं।" सावरकर समेत मदनलाल ढींगरा के अन्य बहुत से मित्र, भारतीय विद्यार्थी 17 अगस्त 1909

की सुबह से ही पेंटोनविले जेल के सामने आ खड़े हुए थे। परंतु ब्रिटिश सरकार ने किसी को भी पेंटोनविले जेल के अन्दर घुसने की अनुमति तक नहीं दी गई थी।

तभी से काफी लम्बे समय तक मांग की जाती रही कि मदनलाल के अवशेषों को उनके आजाद देश को वापिस भेज दिया जाए। तब जाकर ब्रिटिश सरकार ने भारत सरकार के सामने यह स्वीकार किया कि मदनलाल ढींगरा की तो कब्र पर कोई शिलालेख नहीं था। उनके नाम का पत्थर भी नहीं लगा था, उस शब को एक गुप्त संख्या देकर जमीन में गाड़ा गया था। इस संबंध में भी कोई सूचना नहीं है कि किसी भारतीय व्यक्ति अथवा भारतीय संस्था ने इस अमर शहीद की स्मृति में कोई समाधि बनाई हो।

शहीद उधमसिंह के अवशेषों को ढूंढ़े तो जाते समय अचानक ही मदनलाल ढींगरा के अवशेष भी मिल गए। उनके अवशेषों को भारत सरकार के लंदन स्थित उच्चायुक्त की उपस्थिति में सन् 1976 में निकाला गया था। सन् 1976 की 13 दिसम्बर को दिल्ली के पालम अड्डे पर उनके अवशेषों को एक पात्र में लाया गया, जिसका स्वागत दिल्ली और पंजाब के नागरिकों ने किया। यह अस्थि कलश कुछ दिनों की रेल यात्रा के बाद अपनी मातृभूमि अमृतसर तक जा पहुंचा जहां के लोगों ने इंकलाब जिंदाबाद के नारों के साथ अमर शहीद के अवशेषों का भव्य स्वागत किया।

आज तक मदनलाल ढींगरा के माता-पिता, भाइयों, उनके परिवारों के संबंध में या उनकी नई पीढ़ी के संबंध में कोई जानकारी नहीं मिल पाई है।

मदनलाल ढींगरा की पत्नी और उनके एकमात्र पुत्र के विषय में भी कोई जानकारी उपलब्ध नहीं है। वह कितना बड़ा हुआ, क्या बना क्या नाम था यह जानकारी नहीं मिलती है। शायद उसके परिवार वालों ने तो अपने उस अमर शहीद बाप का नाम भी नहीं बतलाया होगा, जो बहादुर व्यक्ति उस अभागे का पिता था।

मदनलाल ढींगरा की परम्परा

अमर शहीद मदनलाल ढींगरा की परम्परा को उनके बाद करतार सिंह सराबा, पंजाब से उनके अगुआ बनकर आए। उनके साथ ही रास बिहारी बोस ने भी उत्तर भारतीयों के बीच जागृति बनाए रखने के लिए बहुत ही कार्य किया है। भगत सिंह, चन्द्रशेखर आजाद ने भारत में नए प्रकार की लहर पैदा की थी।

पर मदनलाल ढींगरा ने ही इस बात की प्रेरणा दी थी कि अंग्रेज यह सोच लें कि भारतवर्ष में उनको अब अधिक दिनों तक सहन नहीं किया जाएगा व क्रांतिकारी तरीके से ही हिन्दुस्तान से अंग्रेजों को भगाया जा सकता हैं खुदीराम बोस ने उनसे पहले और सरदार भगतसिंह ने उनके बाद उसी तरह हंसते हुए फांसी के फंदे को गले में डाला था। इस कारण आज भी मदनलाल ढींगरा का नाम भी पंक्ति में रखा जाता है।

मदनलाल ढींगरा को फांसी दिए जाने के बाद विनायक सावरकर की गतिविधियां बहुत ज्यादा बढ़ गईं। उनके भाई गणेश जिन्हें सब आदरपूर्वक नाना सावरकर कहते थे, को एक अंग्रेज जज जेक्सन ने कालेपानी की सजा दी थी। यह अंग्रेज जज जेक्सन नासिक जिले का ही था। जिसे बाद में अभिनव भारत संस्था के एक सदस्य अनन्त कोन्हरे ने एक रंगमहल में गोली मार उसकी हत्या कर दी। अनन्त कोन्हरे को तत्काल पकड़ लिया गया। बाद में उसके सभी साथी भी पकड़े गए, जिन्हें असहनीय यातनाएं मिलीं।

अंग्रेज सरकार का यह मत था कि जेक्सन ओर कर्जन वामली की हत्याओं के पीछे विनायक सावरकर का हाथ है। अंग्रेज सरकार ने आखिर सावरकर के विरुद्ध मुकदमा दायर कर दिया।

लंदन के विक्टोरिया स्टेशन पर अचानक सरकार ने सावरकर को गिरफ्तार कर लिया। बाद में सावरकर को भी मोरिया नामक पानी के जहाज से भारत में कालेपानी की सजा काटने को भेजा गया।

सावरकर जहाज के शौचलय से कूदकर मार्सेलीज नामक बंदरगाह पर उतर गए और गायब हो गए। जहां से वह तैरते हुए फ्रांस जा पहुंचे। जहां फ्रांस की जल सीमा में ही पुलिस द्वारा उन्हें गिरफ्तार किया गया।

सावरकर पर भारत में मुकदमा चलाकर दो-दो कालेपानी की सजा दे दी गई जो एक साथ चल रही थी। सावरकर की यह सजा पचास साल चलने वाली थी। सावरकर तो कवि हृदय थे, उनके बस की कालेपानी की सजा नहीं थी।

सन् 1921 में स्वास्थ्य की खराबी के कारण उन्हें छोड़ा गया। वह भी इस शर्त के साथ कि वह रत्नागिरी जिले से बाहर नहीं जाएंगे, ना ही किसी समारोह में भाग लेंगे।

1936 में यह बंधन भी अंग्रेज सरकार ने ही हटा दिए। जिसके बाद सावरकर सक्रिय राजनीति में कूद पड़े और हिन्दू महासभा के अध्यक्ष चुने गए।

1948 में महात्मा गांधी की हत्या के बाद हिन्दू महासभा पर शक हुआ, इस कारण सावरकर को भारत सरकार ने भी गिरफ्तार कर लिया। पर बाद में उन्हें निष्कलंक पाकर छोड़ दिया गया। 1960 में सावरकर के अनुयाइयों द्वारा 'मृत्युंजय दिवस' मनाया गया। सन् 1965 में महाराष्ट्र तथा भारत सरकार ने सावरकर को स्वतंत्रता संग्राम सेनानी मानकर पेंशन देना स्वीकार किया।

26 फरवरी 1966 को 84 वर्ष की दीर्घ आयु भोग कर मदनलाल ढींगरा के साथी और गुरु सावरकर का देहांत हो गया। आज सरकारी तौर पर मदनलाल ढींगरा या सावरकर की कोई जयंती भले ही ना मनाई जाए। इसके बावजूद अमर शहीदों का नाम भारत के इतिहास में सदा उज्जवलित रहेगा।

अम़र शहीद ऊधमसिंह

आमुख

अमर शहीद मदनलाल ढींगरा की यह अन्तिम इच्छा थी कि वह जब तक भारत की धरती पर जन्म लेते, और अपने प्राणों को न्योछावर करते रहें जब तक भारत, उनका अपना देश स्वतंत्र ना हो जाए......।

भगवान जाने अमर शहीद की यह इच्छा पूरी हुई या नहीं.....। उनका भौतिक शरीर तो सभी लोगों की भांति नष्ट हो गया। पर मदनलाल ढींगरा की वीरता व निर्भीकता ने ना जाने कितने मदनलाल ढींगराओं को जन्म दिया था। शहीदों व देशभक्तों की ऐसी परंपरा हमारे देश में पड़ गई जिन्होंने अंग्रेज सरकार को हिन्दुस्तान से खदेड़ कर ही दम लिया था।

अमर शहीद ऊधमसिंह भी इसी परम्परा के एक महान क्रांतिकारी और देशभक्त थे। जिन्होंने अंग्रेजों की छाती पर तब तक मूंग दली जब तक उन्होंने भारत छोड़ने का निश्चय नहीं कर डाला, उन्होंने व उनके साथियों ने उन्हें चैन से नहीं बैठने दिया....।

गाजियों में बू रहेगी, जब तलक ईमान की।
तख्ते लंदन तक चलेगी, तेग हिन्दुस्तान की।।

यह उक्ति उसी अमर शहीद ऊधमसिंह की थी जिसने जलियांवाला बाग हत्याकांड के जिम्मेदार अंग्रेज अफसरों को कभी क्षमा नहीं किया.....उन्हें उनके घर लंदन में जाकर पूरी-पूरी सजा दी....। ऐसे जाबांज बहादुर सिपाही थे-अमर शहीद ऊधमसिंह। जिनका नाम हमेशा-हमेशा भारत की स्वतंत्रता के इतिहास में स्वर्णाक्षरों में लिखा रहेगा। हिन्दुस्तान का बच्चा-बच्चा उनका सदा ऋणी रहेगा और सारी जिन्दगी उन्हें याद रखेगा।

विषय सूची

कंटकपूर्ण बचपन

अमर शहीद ऊधमसिंह का जन्म पंजाब प्रांत के संगरूर जिले में एक गरीब कम्बोज परिवार में हुआ था। इनका वास्तविक नाम शेरसिंह था। संगरूर जिले में एक छोटा-सा गांव था सुनाम, उसमें शेरसिंह के पूर्वज आकर बस गए थे।

इसी परिवार में टहलसिंह नामक एक सज्जन थे जो उस समय बनी रेल सेवा में चौकीदार के पद पर कार्य करते थे। उनकी पत्नी का नाम नारायणी देवी था। दोनों ही पति पत्नी अपने नाम के अनुरूप सीधे-साधे स्वभाव के और पुरुषार्थी व्यक्ति थे। टहलसिंह स्वभाव से निडर और बहुत साहसी व्यक्ति थे। नारायणी देवी धार्मिक स्वभाव की सेवा भावी स्त्री थीं।

नारायण देवी और टहलसिंह दंपति के एक पुत्र था जिसका नाम साधूसिंह था। साधूसिंह भी अपने नाम के ही अनुरूप बिल्कुल साधू स्वभाव के सीधे-साधे व्यक्ति थे।

संगरूर जिला और सुनाम गांव उस समय पटियाला रियासत का एक अंग था। इसी पटियाला रियासत के संगरूर जिले के सुनाम गांव में, 13 पौष संवत् 1959 यानी सन् 1903 में शेरसिंह का जन्म हुआ। मां इनकी नारायणी देवी और पिता टहलसिंह थे जो जाति से तो कुंभज थे पर सरकारी नौकरी यानी रेल विभाग में चौकीदारी करते थे।

कुछ विद्वानों के अनुसार अमर शहीद ऊधमसिंह जिनका वास्तविक नाम शेरसिंह था, का जन्म 20 दिसम्बर सन् 1899 को संगरूर के सुनाम गांव में ही हुआ था।

माता-पिता टहलसिंह और नारायणी देवी के कुल दो ही संतानें हुईं, शेरसिंह व उनके बड़े भाई साधूसिंह। साधूसिंह अपने नाम के अनुरूप सीधे-साधे, सज्जन स्वभाव के, धार्मिक विचारों के थे। जबकि शेरसिंह निडर और साहसी स्वभाव के स्वाभिमानी बालक थे। अपने पिता के सभी गुण

उन्होंने प्राप्त किए थे। वह बचपन से ही गुलैल चलाना सीख गए थे। कुश्ती लड़ना, गुलैल से चिड़ियों का शिकार करना और गड्ढा खोदकर जंगली जानवरों को फंसाना यह अमर शहीद ऊधमसिंह के बचपन के खेल थे।

कुछ बड़े होने पर जब पढ़ने लिखने का समय आया तो दुर्भाग्य ने उनके परिवार पर अपनी काली छाया डाल दी......। ढाई वर्ष की उम्र में ही शेरसिंह की मां उन्हें अपनी ममता के साए में ही छोड़कर स्वर्ग सिधार गईं। पिता ने अपने अबोध बच्चों के स्नेहवश अपना दूसरा विवाह नहीं किया कि कहीं विमाता उन्हें और कष्ट ना दे।

टहलसिंह अपनी चौबीस घंटे की सरकारी नौकरी करने के बाद इन अबोध मातृहीन बच्चों की देखभाल में सारा समय लगा देते। थोड़ा बहुत जितना वह स्वयं पढ़े-लिखे थे वह इन बच्चों को पढ़ा देते। जिस स्टेशन पर टहलसिंह नौकरी कर रहे थे वहां और उसके आस-पास कोई पाठशाला मौजूद नहीं थी। इस कारण शेरसिंह व साधूसिंह की ठीक प्रकार पढ़ाई-लिखाई नहीं हो पाई थी।

टहलसिंह के पड़ोस के घर में एक पंडित जी बच्चों को पढ़ाने आते थे। एक दिन उनकी बातचीत शेरसिंह से हुई थी। पंडित जी, शेरसिंह की कुशाग्र बुद्धि से बहुत ज्यादा प्रभावित हुए और उन्होंने टहलसिंह से शेरसिंह को खूब पढ़ाने-लिखाने की सलाह दी। टहलसिंह ने जब इस विषय में अपनी असमर्थता व्यक्त की तब पंडितजी सहर्ष शेरसिंह को खुद ही पढ़ाने-लिखाने को तैयार हो गए। वह रोज नियमितं रूप से घर आकर शेरसिंह को पढ़ाने लगे। शेरसिंह की कुशाग्र बुद्धि को देखकर, एक दिन फिर पंडित जी ने शेरसिंह के पिता टहलसिंह को सलाह दी, कि वह शेरसिंह को किसी अच्छी पाठशाला में आगे पढ़ने को भेज दें तभी इसकी बुद्धि का अच्छी तरह विकास हो सकेगा। पहले तो टहलसिंह ने पहले की तरह अपनी गरीबी और असमर्थता की बात कही पर पंडित जी द्वारा शेरसिंह की उज्जवल भविष्य की आशाओं को दिखलाने पर वह कुछ सोचने पर मजबूर हो गए। आखिर में पंडितजी के बहुत समझाने के बाद उन्होंने अपने उच्चाधिकारियों से यह प्रार्थना की कि उनकी बदली अमृतसर रेलवे स्टेशन पर कर दी जाए ताकि वह अपने बच्चों की अच्छी पढ़ाई-लिखाई करा सकें।

रेल अधिकारियों ने टहलसिंह की प्रार्थना सहर्ष मंजूर कर ली और उनका स्थानांतरण अमृतसर स्टेशन पर हो गया। वहां एक पाठशाला में शेरसिंह प्रारंभिक शिक्षा ग्रहण करने लगे, जहां उनकी पढ़ाई-लिखाई सुचारू रूप से चलने लगी।

पर दुर्भाग्य की जो काली छाया शेरसिंह के ऊपर पड़ी हुई थी वह इतनी जल्दी अपना पीछा छोड़ने वाली नहीं थी। एक दिन अचानक ही उनके पिता टहलसिंह का देहान्त हो गया। दोनों ही भाई बिना मां-बाप के हो गए। बिल्कुल असहाय अवस्था में थे, चारों ओर अंधकार ही अंधकार छाया हुआ था। मृत्यु और जीवन की सत्यता के विषय में दोनों भाई कुछ जानते भी नहीं थे। उनके पिता टहलसिंह के अन्तिम संस्कार का इन्तजाम उनके अड़ोस-पड़ोस के व्यक्तियों ने किया। अब स्थिति यह थी कि इन अबोध बालकों के पास ना तो रुपया-पैसा था व ना ही कोई बड़ा व्यक्ति सिर पर हाथ रखने वाला था। कल कहां जाना है, क्या करना है-यह दोनों में से कोई भाई नहीं जानता था।

ऊधमसिंह (उर्फ शेरसिंह) रात-भर यही सोचते रहे-कल से क्या होगा, वह और उनके भाई अब कहां जाएंगे....कौन उनके खाने की व्यवस्था करेगा।

अपने रिश्तेदारों, नातेदारों से तो उन्हें ना तो किसी भी प्रकार की आर्थिक सहायता या सहारे की उम्मीद थी। पास-पड़ोस के लोग भी उन्हीं की भांति निम्न श्रेणी के कमाने-खाने वाले व्यक्ति थे, जो उनकी सहायता एक या दो-दिन ही कर सकते थे। फिर उनका भविष्य क्या होगा...यही सोचते-सोचते शेरसिंह की न जाने कब आंख लग गई। उन्होंने सपने में देखा....शेर को कहीं सहारे की जरूरत पड़ती है...। स्वप्न टूटते ही उन्हें शक्ति का अनुभव होने लगा।

प्रातः होते ही किसी ने अचानक उनका दरवाजा खटखटा दिया। शेरसिंह ने उठकर दरवाजा खोल दिया। उनके सामने उनके विद्यालय के आदर्श शिक्षक पंडित जयचंद्र शर्मा खड़े हुए थे। उन्होंने शेरसिंह के सिर पर बड़े ही स्नेह से हाथ फेरा और बड़े साहस से शेरसिंह को इस दुनिया का सामना करने की सीख दी। पंडितजी ने कहा, यह संसार तो नश्वर है जो यहां आता है वह यहां से जाता भी है। कौन कैसे और कब जाता है वह सब ईश्वर के अधीन है। नियति ने तुम्हारे साथ बहुत क्रूर मजाक किया था।

मैं तुम दोनों भाइयों के रहने खाने आदि की व्यवस्था कर दूंगा। तुम दोनों भाई नियमित रूप से पाठशाला में पढ़ने आते रहना। उन्होंने ऊधमसिंह यानी शेरसिंह और साधू को उसी दिन से एक अनाथ आश्रम में प्रवेश करा दिया। दोनों भाई नियमित रूप से पढ़ने लगे। आश्रम के नियमित जीवन और कुशाग्र बुद्धि ने शेरसिंह की प्रतिभा को दिन पर दिन नया निखार दिया। शेरसिंह अपने आश्रम और पाठशाला के एक आदर्श विद्यार्थी गिने जाने लगे। वार्षिक परीक्षा में उन्हें प्रथम स्थान प्राप्त हुआ.....।

पर शायद दुर्भाग्य को उनकी यह सफलता और खुशी अच्छी नहीं लगी। उनके बड़े भाई साधूसिंह निमोनिया के शिकार हुए और असमय ही अकाल मृत्यु को पार कर गए.....। साधुसिंह से शेरसिंह को अथाह प्यार था। उन्हें असमय जाता देखकर शेरसिंह की सारी हिम्मत टूट गई। वह अपने आपको इस क्षण से सचमुच में अनाथ समझने लगे। अब इस संसार में उनका कौन था जिसके सहारे वह जीते.....। अब उनका इस संसार में क्या काम शेष था जिसके लिए वह जीते.....।

हमेशा की तरह उनके अध्यापक पण्डित जयचंद्र शर्मा आगे आए। उन्होंने शेरसिंह को बहुत समझाया बुझाया....इस दु:ख और निराशा के अवसर पर उन्हें हिम्मत से काम लेने की सलाह दी। फिर वह शेरसिंह को अपने घर ले गए, कुछ दिन अपने घर में ही रखा भी था।

पंडित जयचंद्र शर्मा ने शेरसिंह के मन में एक आदर्श शिक्षक और सच्चे गुरु का स्थान बना लिया था। नित्य उनके घर आने-जाने लगे।

शेरसिंह के मन में पंडित जयचंद्र शर्मा ने देश-भक्ति की और क्रांतिकारी की भावनाएं भरीं। उनकी वाणी बड़ी ही ओजस्वी थी। कई नौजवानों ने उनसे प्रेरणा प्राप्त कर देश-भक्ति का सबक सीखा.....।

पण्डित जयचंद्र शर्मा की स्नेह भरी छाया में शेरसिंह अपने माता-पिता की मृत्यु तक को भूल गए।

कुछ अन्य विद्वानों की सम्मति के अनुसार शेरसिंह या ऊधमसिंह साधुसिंह के छोटे भाई थे। और उन्हें पुतली घर के अनाथ आश्रम तक पहुंचाने वाले सुनाम गांव के एक सामाजिक कार्यकर्ता सरदार चंदासिंह थे। इन विद्वानों के अनुसार शेरसिंह के पिता का नाम सरदार निहालसिंह था। जब उनके

माता-पिता दोनों ही कालकवलित हो गए तो उन्हें अपने भाई के साथ कई गांवों में आश्रम के लिए भटकना पड़ा। सरदार चंदासिंह के आशीष से शेरसिंह ने गुरमुखी के साथ उर्दू और हिन्दी भाषा में प्रवीणता प्राप्त कर ली। कालान्तर में शेरसिंह ने अंग्रेजी भाषा भी सीख डाली। किन्तु उन्होंने अपनी आज़ीविका का साधन अपने हाथ की कारीगरी को ही बनाया।

इन दोनों विसंगतियों के बावजूद यह तथ्य है कि शेरसिंह का प्रारंभिक जीवन ही कंटकपूर्ण था। उन्हें अनाथ अवस्था और आश्रयहीनता की स्थिति स्वीकार करनी पड़ी। शायद नियति ने उन्हें जीवन की समस्त कठोरताएं एक साथ दिखलाकर पत्थर की तरह सख्त और कुंदन की तरह निर्मल रूप दिया था ताकि भविष्य में वह एक बेमिसाल आदर्श साबित हो सकें।

पूर्वाभास

शहीद ऊधमसिंह यानी बचपन के शेरसिंह, जिनके ऊपर दुर्भाग्य की अति कृपा थी, अनाथ आश्रम में रहते हुए धीरे-धीरे बच्चे से किशोर हो गए। मास्टर पंडित जयचंद्र शर्मा के स्नेह की छाया में जहां उन्हें विद्या धन और पिता का वात्सल्य मिला था वहीं सरदार चंदासिंह के सौजन्य से उन्होंने अपनी आजीविका चलाने के लिए परम्परागत हाथ की कारीगरी सीख डाली थी।

पंडित जयचन्द्र शर्मा के सद्प्रयासों से शेरसिंह के मन में देश-प्रेम की जागृति हुई और उन्होंने 1857 के प्रथम स्वतंत्रता आंदोलन के जननायक मंगल पांडेय का सम्पूर्ण जीवन चरित्र पढ़ डाला था। पर सबसे ज्यादा प्रभावित उन्हें अमर शहीद मदनलाल ढींगरा के जीवन चरित्र ने किया।

उन्हीं दिनों बीसवीं शताब्दी के पहले दशक का प्रारंभिक दौर था। पंजाब की जनता में असंतोष की आग जल रही थी। पंजाब के तत्कालीन गवर्नर सर डेजिल एबटसन ने 1907 में वायसराय को जो गुप्त रिपोर्ट भेजी थी। उसने पंजाब प्रांत की स्थिति को और अधिक तनावपूर्ण बना दिया था। इस गुप्त रिपोर्ट में पंजाब प्रांत में फैली नई हवा वर्णन किया गया था व तत्कालीन ब्रिटिश सरकार को यह चेतावनी दी गई थी कि यदि हालात पर काबू ना किया गया तो आगे मुश्किल आ सकती है। पंजाब की हालत काबू से बाहर हो जाएगी। पंजाब के किसान भी सरकार द्वारा नहरों पर लगाए गए अतिरिक्त करों से बहुत ज्यादा असंतुष्ट थे। शहरी जनता भी अंग्रेज सरकार के खिलाफ चलाए जा रहे आंदोलनों से काफी असंतुष्ट थी। सारे पंजाब प्रांत के शहरी भागों में हड़तालें हो रही थीं। कई जगह दंगे हो रहे थे जो इस बात का सूचक थे कि प्रदेश की राजनीतिक हालत दिन-प्रति-दिन बिगड़ती जा रही है। उस समय अमृतसर सबसे अधिक शांतिप्रिय क्षेत्र माना जाता था। अनायास ही सबसे अधिक स्वतंत्रता संग्राम का केन्द्र बन गया था व अमृतसर के कई हिस्सों में स्वतंत्रता संग्राम के लिए कई स्थानों पर गुप्त रूप से गतिविधियां चल रही थीं।

यों तो सारे पंजाब में विद्रोह की लहर फैली हुई थी और उससे संबंधित लोग बहुत ही ज्यादा चिंतित थे।

इसका सबसे बड़ा कारण प्रथम विश्व युद्ध (1914-18) समाप्त हो चुका था। जिससे भारत की जनका को कोई राहत नहीं मिली थी। इसके विपरीत सरकार का शिकंजा जनता के लिए और अधिक कस गया था। जनता का दमन दिन-प्रतिदिन बढ़ता ही जा रहा था। ब्रिटिश शासन भारत में सुरक्षा कानून लागू करना चाहता था और यह कहा जा रहा था कि शांति के लिए व नागरिकों की भलाई के लिए नागरिक अधिकारों के लिए यह कदम उठाया जा रहा है। उदारवादी दृष्टि से इस कानून को लागू करने की बजाय ब्रिटिश सरकार और भी अधिक सख्ती का उपयोग कर रही थी। भारतीय दंड विधान और अन्य कानूनों की मौजूदगी में भी सरकार ने 'रौलेट एक्ट' नामक नया कानून बनाया था जो सरकार की आवश्यकता अनुसार भारतीय दंड विधान में बहुत से परिवर्तनों की आवश्यकता का प्रतीक था। इस कारण भारतीय दंड विधान में मनमाने परिवर्तनों के बाद, इस नए कानून को बनाने वाली समिति के अध्यक्ष रौलेट के नाम से यह नया कानून 'रौलेट एक्ट' के नाम से लागू किया गया था। वैसे दिखावे के तौर पर इस समिति ने कानून द्वारा ब्रिटिश शासन के प्रभाव से भारतीय जनता की सुरक्षा के लिए अपनी सिफारिशें पेश की थीं। साथ ही युद्ध के बाद की तीन विभीषिकाओं-भूख यानी अनाज की कमी, अकाल मृत्यु यानी बीमारी व गरीबी ने भारतवासियों को बहुत विक्षुब्ध कर दिया था। पंजाब के किसानों को दबाने के जो प्रयास हुए थे उससे पंजाब के जनमानस में अंगारे दहकने लगे थे। इन नए कानूनों ने जनता को और भी ज्यादा विक्षुब्ध कर दिया था।

महात्मा गांधी ने इस कानून और अन्य कठिनाइयों के निराकरण के लिए 'सत्याग्रह' का अमोघ अस्त्र दिया था। महात्मा गांधी उस समय दक्षिण अफ्रीका से लौटे थे व उनकी आयु 49 वर्ष की थी। 'स्वराज्य' का मंत्र यहीं से पहली बार उच्चरित हुआ था और जब हमारे राष्ट्रीय आंदोलन को एक नई दिशा प्राप्त हुई थी। ऐसे वातावरण में बड़े होते शेरसिंह को जयचंद्र शर्मा द्वारा राजनीति का चस्का लग चुका था। विश्वयुद्ध के बाद पूरा देश महंगाई से त्रस्त था। महंगाई बढ़ गई थी। जनता में त्राहि-त्राहि मच रही थीं। लोगों को खाने-पीने की

वस्तुएं भी आसानी से नहीं मिल रही थीं जिसके कारण जनता ने आवाज उठाई थी।

ऐसी विषम परिस्थितियों में शेरसिंह जैसे किशोर की क्या दशा हो सकती है। इसकी कल्पना की जा सकती है जिसके सिर पर से माता-पिता की छाया कब की उठ चुकी थी। अनाथ आश्रम छोड़कर जो अपनी हाथ की कारीगरी पर ही जिन्दा था। शेरसिंह अपना पेट बड़ी ही मुश्किल से भर पा रहे थे। नौजवानी की उम्र थी। इस उम्र में जोश-खरोश होता ही है। ऐसी उम्र में सत्याग्रह की बात शेरसिंह के गले कैसे उतर सकती थी। फिर पंडित जयचंद्र शर्मा के सपंर्क में आने के कारण उनका संपर्क उस समय के क्रांतिकारियों से हो गया था जिनके साथ रहकर शेरसिंह क्रांतिकारियों की छोटी-मोटी सहायता करने लगे थे। जयचंद्र शर्मा के आशीर्वाद से शेरसिंह स्वयंसेवक के रूप में भर्ती हो गए।

अत्याचारी अंग्रेजों ने सारे देश में रौलेट एक्ट का विरोध करने वालों का बड़ी कठोरता से दमन किया था। अमृतसर में भी डॉ. सत्यपाल व डॉ. सैफुद्दीन किचलू ने हिन्दू मुस्लिम सम्प्रदायों का संयुक्त जलूस निकाला। इस जलूस में स्वयंसेवक के रूप में शेरसिंह भी शामिल थे। इस जलूस ने अमृतसर के तत्कालीन कमिश्नर का सरकारी बंगला घेर लिया जिसके कारण डॉ. सत्यपाल व सैफुद्दीन किचलू को गिरफ्तार कर लिया गया। गिरफ्तारी के बाद दोनों नेताओं को किसी अज्ञात स्थान पर भेज दिया गया व भीड़ को किसी तरह तितर-बितर कर दिया गया।

11 अप्रैल 1919 को इन दोनों नेताओं, डॉ. सैफुद्दीन किचलू, डॉ. सत्यपाल की रिहाई की मांग को लेकर एक विस्तृत जलूस निकाला गया जो अमृतसर के हाल गेट बाजार तक पहुंचा। उसी समय अंग्रेज पुलिस ने जलूस को तितर-बितर करने के लिए अंधाधुंध गोलियां चला दीं। सारी भीड़ भाग गई। इसमें अनेक लोग इधर-उधर गिरते पड़ते हुए भागे। अनेक घायल हुए व अनेक लापता। चारों ओर अंग्रेजों के इस अत्याचार की बुरी तरह निंदा हो रही थी। पर यह तो भविष्य का पूर्वाभास-मात्र था।

भीष्म प्रतिज्ञा

अमर शहीद ऊधमसिंह स्वतंत्रता संग्राम की गतिविधियों में एक स्वयंसेवक के रूप में शामिल हो चुके थे। उनका बचपन का नाम शेरसिंह था जिसे वह सही अर्थों में सार्थक कर रहे थे।

रौलेट एक्ट के खिलाफ चल रहे आंदोलन में भी वह शामिल हो चुके थे। 11 अप्रैल को अंग्रेज सरकार द्वारा गिरफ्तार डॉ. सत्यपाल और डॉ. सैफुद्दीन किचलू की रिहाई की मांग को लेकर आंदोलन हुआ था। एक विशाल जलूस निकला था जिसको हाल गेट पर पुलिस ने तितर-बितर कर दिया था।

अब 13 अप्रैल 1919 को बैसाखी के शुभ दिन एक विशाल सभा का अयोजन किया गया था। जो अमृतसर के जलियांवाला बाग में आयोजित होने वाली थी। इस सभा में ही डॉ. सत्यपाल और डॉ. सैफुद्दीन किचलू की रिहाई की मांग की गई थी। पर किसी भी व्यक्ति को यह ज्ञात नहीं था कि यह सभा संसार का सबसे बड़ा आयोजन बन जाएगा जिसे सारी उम्र एक प्रतीक के रूप में हमेशा याद किया जाएगा। जिसकी मिसाल सदियों तक, अत्याचार के पैमाने के रूप में होगी।

इस ऐतिहासिक आयोजन में सरदार ऊधमसिंह उर्फ शेरसिंह भी शामिल थे जो उस समय लगभग 19 साल के थे और उनके साथ, उनके मित्र व सहयोगी सरदार भगतसिंह भी थे, जो मात्र 11 वर्ष 7 महीने और 16 दिन का था।

11 अप्रैल 1919 को नगर के तनाव को देखते हुए अमृतसर के कलेक्टर ने नगर का प्रशासन सेना को सौंप दिया गया था। 11 अप्रैल को हुई गोलाबारी में दो व्यक्ति मारे गए थे जिसके कारण ही यह तनाव फैला हुआ था।

जलियांवाला बाग तीन ओर से एक ऊंची दीवार से घिरा हुआ था। उस बाग को पंजाब के तत्कालीन गवर्नर सर माइकेल ओ. डायर के आदेश पर,

भारत में ही जन्मे अंग्रेज सेना के अधिकारी ब्रिगेडियर जनरल रेजिनाल्ड ई. एच. डायर ने सैकड़ों हथियारबन्दों द्वारा यह स्थान चारों ओर से बुरी तरह से घेर लिया था। इसके बाद 20, 25 हजार के आस-पास स्त्री-पुरुष इस ऐतिहासिक सभा में पहुंच चुके थे, जिनमें शेरसिंह भी शामिल थे।

जलियांवाला बाग ऐसा मैदान था, जहां एक ओर निर्माणाधीन इमारतों का मलबा पड़ा हुआ था। यह लगभग पूरा मैदान बनती हुई इमारतों और उसके सामान से पटा पड़ा हुआ था। आने-जाने का रास्ता बहुत ही संकरा और उबड़-खाबड़-सा था। सामने एक कुछ ऊंचा सा मंच बना हुआ था जिस पर खड़े होकर एक व्यक्ति अपना भाषण दे रहा था।

तभी ब्रिगेडियर जनरल रेजिनाल्ड ई.एच. डायर उस रास्ते से अन्दर दाखिल हुए। उस रास्ते के दोनों ओर बहुत ऊंची दीवार उठी हुई थी। यह स्थान उस ऊंचे से मंच से कोई 150 गज दूर था जहां जनरल डायर ने अपने सैनिकों को रोका हुआ था। सैनिकों में 66 नेपाली गोरखा और 25 ब्लूचिस्तान के बलूच सिपाही राइफलों से लैस थे व 40 गोरखाओं के पास खुकरियां थीं और दो हथियार बंद गाड़ियां थीं।

यह हिन्दू और सिक्खों का पवित्र दिन था। इसके अलावा पंजाब के ईसाइयों सहित सभी हिन्दू मुसलमानों के लिए यह एक धर्म-निरपेक्ष पर्व का दिन था। बैसाखी के इस ऐतिहासिक पर्व पर पगड़ी बांधे सिक्ख और तहमद पहने मुसलमान 'पगड़ी सम्हाल जट्टा....' गाते हुए चले आ रहे थे। यह त्योहार खेतों में उगी हुई लहलहाती फसलों का त्योहार था। सारे किसान नाचने-गाने को इकट्ठे हुए थे, सारे शहर में मेले का वातावरण था। हमेशा की भांति शहर के बाहरी भाग में मेले का आयोजन था। लेकिन बदले हुए वातावरण में यह सारे किसान इस आयोजन स्थल यानी जलियांवाला बाग की ओर मुड़ गए थे।

हंसराज इस 20-25 हजार व्यक्तियों की भीड़ को सम्बोधित कर रहे थे। जो इन व्यक्तियों को उन नेताओं के संबंध में बतला रहे थे, जो गिरफ्तार हो चुके थे। तभी अंग्रेज सैनिकों की टुकड़ी उस सभा-स्थल पर दाखिल हुई और अंग्रेजी सेना ने घुटनों के बल बैठकर, राइफलें भीड़ के सामने की ओर तान दी। इसके बाद पलक झपकते ही गोलियां चलने लगीं। एकदम शोर मच गया

और चारों तरफ भगदड़ मच गई। लाला हंसराज मंच पर से चिल्लाए, "घबराओ नहीं यह नकली गोलियां हैं, खाली कारतूस हैं, इससे किसी को कुछ नुकसान नहीं होगा।"

लाला हंसराज की बात सुनकर जनरल डायर को लगा कि कुछ गड़बड़ है वह भी उतने जोर से चिल्लाया, "इनको गोली मारो, गोली हवा में क्यों चला रहे हो।"

उस समय आसमान साफ था। पंजाब में इस साल भी बहुत ही अच्छी फसल उगी थी। हवा में स्नोगरा और सरसों की खुश्बू फैली हुई थी। गोलियां सिर्फ दस मिनट तक ही चली थीं पर उनकी गूंज आस-पास घंटों बाद भी सुनी जाती रही थी। सभी प्रत्यक्षदर्शियों का कहना है, इन गोलियों का लक्ष्य वे सारे रास्ते थे जिन रास्तों से लोग निकलकर भाग रहे थे। एक वृद्ध जो अपने भतीजे को ढूंढ़ने बाग में आया था, उसने देखा कि उसका भतीजा गोलियों से छलनी हुआ पड़ा था। उसका सिर फट गया था। एक गोली नाक के नीचे ऊपर वाले होंठ पर लगी थी। दो बाईं ओर, एक गर्दन पर बाईं ओर और तीन जंघों पर तथा दो या तीन सिर में।

चंद ही मिनटों के लिए जलियांवाला बाग खून से नहा उठा। चारों ओर लाशें पड़ी हुई थीं। खून नाले के रूप में बह रहा था। शेरसिंह एक पेड़ पर चढ़े हुए अपने चारों ओर फैली हुई लाशें देख रहे थे.....। अपनी जान बचाने के लिए भगदड़ में यह उस ऊंचे पेड़ पर चढ़ गए थे।

जल्द ही सारा शहर अंधकार में डूब गया। लगता था किसी ने गम की चादर उढ़ा दी हो। उस शाम विधवा हुई रतन देवी के अनुसार लाशों को देखकर उनके रोंगटे खड़े हो गए थे। सारा दृश्य ही बहुत यंत्रणादायक था। उस बहादुर महिला ने अपने पति की लाश को ढूंढ़ने में वहां घंटों बिताए। उस निर्जन जंगल में, जहां से वह अंग्रेजों की आंखों से बचाकर अपने पति की लाश को चुपचाप घसीटकर ले गई थी। उस महिला ने पूरी रात रो रोकर बिताई थी। पति को अन्तिम संस्कार के लिए घर ले जाने के लिए एक चारपाई की आवश्यकता थी। उस महिला के अनुसार "मेरे लिए उस सबका वर्णन करना लगभग असंभव है...जो मैंने वहां किया। वहां लाशों के ढेर पड़े हुए थे। कुछ छाती के बल कुछ पीठ के बल गिरे पड़े थे, उनमें से अनेक गरीब निर्दोष

बच्चे थे। मैं उस निर्जन जंगल में पूरी रात अकेली रही। कुत्तों के भौंकने और गधों के रेंकने की आवाजों के सिवाए कुछ और आवाजें सुनाई नहीं पड़ती थीं। उन सैकड़ों लाशों के बीच मैंने सारी रात रोते-रोते काटी। क्योंकि सारा बाग रक्त से भरा हुआ था। सूखे स्थान के लिए बुरी तरह मारामारी थी।"

इस नरसंहार के नायक बिग्रेडियर जनरल रेजिनाल्ड ई.एच. डायर ने बाद में हंटर कमीशन के सामने बतलाया..."मैं जैसे ही वहां अपनी कार से आया-मैं निश्चय कर चुका था कि लोगों को जान से मार दूंगा। इस इनक्वारी कमीशन के सामने यह बात भी सामने आई कि उसने भीड़ को कोई भी चेतावनी नहीं दी। ना ही भीड़ को वहां से जाने को कहा गया, ना ही उनके जाने की जरा भी प्रतीक्षा की गई, उल्टे सारे रास्तों पर कब्जा कर गोलियां बरसाई गईं। इस विषय में जनरल डायर ने अमृतसर के डिप्टी कमिश्नर से भी कोई बातचीत नहीं की। डिप्टी कमिश्नर वहां उपस्थित भी नहीं थे। यह सर्वदा विदित है कि बिना फर्स्ट क्लास मजिस्ट्रेट की अनुमति के कोई भी फोर्स, चाहे पुलिस हो. .....या आर्म्स पुलिस या फिर सेना भी क्यों न हो बिना मजिस्ट्रेट की अनुमति के गोली नहीं चलाई जा सकती है.....। इस प्रशासनिक नियम को ताक पर रखने का कारण जनरल डायर ने यह बतलाया कि......."मैं जलियांवाला बाग गोलीबारी को अपना कर्तव्य समझता था। एक भयानक कर्तव्य! मैं उनको एक ऐसा पाठ पढ़ाना चाहता था ताकि वह लोग मुझ पर हंस ना सकें। इसलिए मैं और ज्यादा देर तक गोलियां चलाता रहता अगर मेरे पास आवश्यक संख्या में और गोलियां होतीं। मैं अपने साथ हथियारबंद गाड़ी ले गया था। लेकिन मैंने देखा कि उस रास्ते से वे जा ही नहीं सकती थी। इसलिए उन्हें मैंने पीछे छोड़ दिया। मुझे ऐसा लगा कि मुझे अच्छी तरह और तेजी से गोलियां चलानी चाहिए ताकि मुझे या किसी और का फिर से गोलियां न चलानी पड़े।" एक तार में भेजे गए संदेश में डायर के इस कार्य को सर माइकल ओ' डायर ने सहमति दे दी। "लेफ्टीनेंट गवर्नर तुम्हारे व्यवहार को उचित व सही ठहराते हैं।" इस हत्याकांड का समाचार जब कलकत्ता पहुंचा, तो सुभाषचन्द्र बोस ने हाथ में पिस्तौल लेकर अंग्रेजों को बल प्रयोग से देश से निकालने की प्रतिज्ञा की।

जलियांवाला बाग हत्याकाण्ड में कुल मिलाकर 1650 गोलियां चलाई गईं

थीं। इस पर जनरल डायर को गर्व था कि एक भी गोली व्यर्थ नहीं गई थी। मृतकों की संख्या से यह बात बिल्कुल सत्य सिद्ध हुई थी। पंजाब डिसार्डर्स इन्क्वायरी कमेटी के कमिश्नर न्यायमूर्ति श्री रेन्किन के यह पूछने पर "क्या तुमने घायलों की देखभाल के लिए कोई कदम उठाया था।"

डायर का जवाब था, "नहीं, यह मेरा काम नहीं था। अस्पताल खुले हुए थे और वे वहां जा सकते थे।"

इस हत्याकाण्ड के कई प्रत्यक्षदर्शियों में मेवासिंह नाम का एक हलवाई भी था.....जो मेले में अपनी मिठाई बेचने आया था। उसके संबंधियों के अनुसार मेवासिंह हलवाई का शव गोलियों और गोलियों के निशाने से भरा हुआ था। उसके सिर से खून का फव्वारा छूट रहा था। अमृतसर के कॉलेज के बीसियों विद्यार्थी मारे गए थे। आज तक की यह सबसे खूनी और काली बैसाखी थी। पंजाब विश्वविद्यालय द्वारा इस संबंध में खोजबीन कर एक ग्रंथ छापा गया था जिसका नाम ही 'जलियांवाला के शहीद' था, जिसके लेखक डॉ. राजाराम नामक एक वरिष्ठ प्रोफेसर थे। डॉ. राजाराम ने प्राप्त तथ्यों के आधार पर यह खोजकर निकाला था कि यह विशाल नरसंहार पूरी तरह पूर्व नियोजित था और अच्छी तरह सोच समझकर इसकी योजना बनाई गई थी। इस पुस्तक में इस हत्याकांड में मृत लोगों की सूची और विस्तृत वर्णन है। इनका आधार वह सरकारी फाइलें व रिकॉर्ड हैं जो अब उपलब्ध नहीं हैं। गदर और आंतरिक शासन आंदोलनों के बाद अमृतसर हत्याकांड ब्रिटिश शासन में कफन में एक कील की तरह साबित हुआ था। लेफ्टीनेंट गवर्नर सर माइकल ओ. डायर का यह वक्तव्य हास्यास्पद ही साबित हुआ कि यह गोलीबारी नैतिक प्रभाव डालने के लिए की गई थी। हालांकि यह सैन्य दृष्टिकोण को ध्यान में रखकर की गई थी।

सरदार ऊधमसिंह उर्फ शेरसिंह ने ज़लियांवाला की सभा में अपने अनाथ आश्रम की ओर से स्वयंसेवक के रूप में भाग लिया था। डायर द्वारा गोली चलाने के आदेश के बाद शेरसिंह ने एक पेड़ पर चढ़कर, डाल के ऊपर पत्तों के बीच में सिर छिपाकर अपने प्राण बचाए थे। उस समय शेरसिंह की उम्र मात्र 19 वर्ष थी। यह सारा नरसंहार शेरसिंह ने अपनी आंखों से देखा था और. ...उसी समय उन्होंने यह दृढ़ निश्चय कर लिया था कि वह 'जलियांवाला

हत्याकाण्ड' के तीनों अधिनायकों सर माइकल ओ डायर, पंजाब के लेफ्टीनेंट गवर्नर बिग्रेडियर जनरल ई.एच. डायर जो भारत में पैदा हुए अंग्रेजी सेना के अफसर, लार्डजेट लैंड भारत के राज्य सचिव को उसी समय गोली से उड़ाने का दृढ़ निश्चय कर लिया और इस शपथ को अपनी डायरी में दर्ज कर लिया था।

तब से हर बैसाखी पर शेरसिंह अपनी डायरी निकालकर हर बार दोहराता और उसके मन की आग और सुलग उठती। गोलियों की आवाज समाप्त होते ही अन्य स्वयंसेवक विद्यार्थियों के साथ शेरसिंह भी पेड़ से नीचे उतरे। घायल लोगों की चीत्कार सुनकर शेरसिंह सहित सभी स्वयंसेवक विद्यार्थियों का कलेजा दहल गया था। फिर भी हिम्मत बांधकर, घायलों को अस्पताल पहुंचाने लगे। जब सारे अस्पताल घायलों से भर गए तब शेरसिंह इन घायलों को लेकर अनाथ आश्रम ले गए। कुछ को आर्य समाज मंदिर पहुंचाया गया जहां रखकर उन सभी ने मिलकर इन घायलों की भरपूर सेवा-सुश्रुषा की थी। शेरसिंह के नेतृत्व में इन घायलों और दुखियों की इतनी भरपूर सेवा की थी कि छात्रों और घायलों के बीच परस्पर स्नेह का संबंध बन गया। जब यह घायल लोग ठीक होकर अपने घर गए तो उनका रोम-रोम उन्हें आशीर्वाद दे रहा था।

पर जलियांवाला हत्याकाण्ड का नरसहांर देखकर शेरसिंह का मन बुरी तरह उदास हो गया था। यह दुनिया, यह समाज उन्हें बड़ा सूना-सा लग रहा था। उनकी इच्छा हो रही थी कि वह जल्दी से जल्दी इस नरसंहार को कराने वाले अंग्रेज फौजियों को मौत की सजा देकर अपने कर्तव्य का पालन कर डालें।

उस समय सारे देश में इस हत्याकाण्ड को लेकर नफरत की आग धधक रही थी और हर व्यक्ति अपने तरीके से इसका विरोध प्रकट कर रहा था।

शेरसिंह से ऊधमसिंह तक

अनाथ आश्रम में शेरसिंह अपना एक-एक दिन बड़ी ऊब से गुजार रहे थे। उनकी हर समय यही इच्छा होती थी कि उन्हें जल्द से जल्द सर माइकल ओ डायर, जनरल डायर और लॉर्ड जेट लैंड को जान से मारने की इच्छा पूरी हो।

पर हण्टर कमेटी की रिपोर्ट ने सर माइकल ओ डायर और जनरल डायर को इस अनैतिक व गैर कानूनी हत्याकाण्ड का दोषी मान लिया था और उन्हें सरकारी नौकरी से पदमुक्त कर दिया गया था। उनकी पेंशन भी जब्त कर ली गई थी। भारत में रह रहे अंग्रेजों ने दोनों व्यक्तियों को 20, 20 हजार पौंड का पुरस्कार और अजनबी देश में अंग्रेज जाति का सम्मान बचाए रखने के प्रयास में दोनों को एक-एक तलवार भेंट की थी। जल्द ही दोनों व्यक्ति लंदन रवाना हो गए...जहां उनका और अभूतपूर्व स्वागत हुआ। जिस पर इंग्लैंड के राजा जॉर्ज और उनके चाचा ड्यूक कनाट बहुत अप्रसन्न हुए। ड्यूक कनाट भारतवासियों के दुःखी मन पर मरहम लगाने लंदन से भारत आए और इस घटना पर क्षोभ प्रकट किया।

सर माइकल ओ डायर और जनरल डायर के भारत छोड़ कर जाने के समाचार ने शेरसिंह के मन को और विक्षुब्ध कर दिया। उस रात वह अनाथ आश्रम में बेचैनी से करवटें बदलते रहे...। जब नींद ना आई तो उन्हें लगा अब यहां रहना व्यर्थ है। अब कुछ कर दिखलाने का समय आ गया है।

जब मन की बेचैनी बहुत बढ़ी तो अचानक ही एक दिन वह अपना थोड़ा बहुत सामान लेकर अनाथ आश्रम से चले गए। शेरसिंह ने अपने एक रिश्तेदार के मोटर गैरिज में नौकरी कर ली जहां शेरसिंह मोटर मैकेनिक का काम सीखने लगे। इसके साथ-साथ मोटर ड्राइवरी सीखने लगे थे। कुछ ही दिनों में उन्होंने मोटर ड्राइवरी और मोटर मैकेनिक दोनों ही कार्यों में भरपूर सफलता हासिल कर ली थी।

उस समय मोटरों का धंधा नया-नया आया था। इस कारण अच्छे मोटर ड्राइवरों और मोटर मैकेनिकों की बड़ी मांग थी। शेरसिंह के उक्त गैरिज की मोटरें, अंग्रेज पुलिस और फौज की एक स्थान से दूसरे स्थान तक ले जाया करती थीं। शेरसिंह भी एक सफल ड्राइवर हो गए थे जिस कारण रोजाना फौज को मोटर गाड़ियों द्वारा इधर से उधर ले जाया करते थे। उनका असली उद्देश्य तो किसी तरह अंग्रेजी फौज के उच्च अधिकारियों से सम्पर्क बनाना था।

एक दिन मोटर गैरिज के मालिक का हुक्म मिला कि अंग्रेजी फौज को मोटर द्वारा गुजरालावाला कसूर की ओर ले जाए। जहां से 24 अप्रैल को पंजाब के तत्कालीन गवर्नर के आदेश पर फौज से हवाई जहाज द्वारा शहर के ऊपर बेकसूर नागरिकों पर बम गिराए गए। यह सारा दिल दहलाने वाला हंगामा शेरसिंह ने अपनी आंखों से देखा। अंग्रेज सरकार के नादिरशाही अत्याचारों के पीछे से इस बार भी सर माइकल ओ. डायर का हाथ था। पर बहुत प्रयास करने के बावजूद शेरसिंह, सर माइकल ओ. डायर तक ना पहुंचा सके। जिससे विक्षुब्ध होकर वह यह महसूस करने लगे कि ओ डायर द्वारा कराया गया हवाई हमला भी उनके द्वारा फौज पहुंचाए जाने के कारण हो पाया, ना वह फौज को मोटर द्वारा पहुंचाते ना हवाई हमला होता।

एक दिन विक्षुब्ध होकर शेरसिंह ने उस मोटर गैरिज से भी कूच कर ली और सहारनपुर जा पहुंचे। वहां एक साल ड्राइवरी का काम किया। पर जब वहां भी कुछ चैन ना मिला और आत्म संतुष्टि ना मिली और दिन पर दिन बेचैनी बढ़ती गई तब शेरसिंह लखनऊ आ पहुंचे। वहां के एक ताल्लुकेदार के घर पर रहकर उसकी नौकरी करने लगे। उस ताल्लुकेदार को शिकार खेलने का जबरदस्त शौक था। उसके पास तरह-तरह की बहुत-सी बंदूकें, पिस्तौलें, रिवॉल्वर थे। शेरसिंह ने जी खोलकर उस ताल्लुकेदार की जी भर कर सेवा की। इसके बाद घर का व बाहर का कार्य करते। सेवा करते-करते फिर एक दिन मौका पाकर ताल्लुकेदार से शेरसिंह ने प्रार्थना की कि वह उनको निशाना लगाना सिखा दे। ताल्लुकेदार ने सहर्ष शेरसिंह की प्रार्थना मंजूर कर ली।

छह माह तक शेरसिंह ने लखनऊ में रहकर निशानेबाजी का कड़ा अभ्यास किया। जिससे वह अच्छे निशानेबाज बन गए। अब शेरसिंह ताल्लुकेदार के

साथ शिकार खेलने जाने लगे। अपने निशाने पर जब शेरसिंह को अगाध विश्वास हो गया तो उन्होंने यह समझ लिया कि उनका लखनऊ रहने का उद्देश्य पूरा हो गया।

शेरसिंह ने एक दिन चुपचाप उस ताल्लुकेदार की नौकरी छोड़कर लखनऊ छोड़ दिया और अब शेरसिंह को क्रांतिकारियों की तलाश थी। ताकि उन तीन दुष्टों को मौत की सजा देकर अपने मन की प्यास बुझा सके। जब-जब जहां-जहां उन्हें क्रांतिकारियों को मौजूदगी का समाचार मिलता शेरसिंह पहुंच जाते थे। पर क्रांतिकारियों से उनकी मुलाकात नहीं हो सकी थी।

उत्तर प्रदेश जो उस समय संयुक्त प्रांत कहलाता था तथा पंजाब आदि स्थानों के अनेक शहरों कस्बों में शेरसिंह भटके। जीवन-यापन के लिए कई तरह के पापड़ बेले। इससे कई तरह की परिस्थितियों का सामना किया, कई तरह के लोगों से मुलाकात हुई। उनकी बदले की इस अदम्य भावना के कारण, कठोर उद्यम करने के कारण, शेरसिंह का नाम ऊधमसिंह पड़ा।

निराशा ही निराशा

ऊधमसिंह घूमते-घूमते एक दिन मेरठ जा पहुंचे। सन् 1857 में पहले विद्रोह की शुरुआत मेरठ से ही हुई थी। इस कारण ऊधमसिंह के मन में यह आशा जागी कि हो ना हो कोई भूला भटका क्रांतिकारी अब भी मेरठ में अवश्य मिल जाए।

सरदार ऊधमसिंह मेरठ के एक होटल में नौकरी करने लगे। वैसे वह मोटर ड्राइवरी जानते थे। पेट भरने के लिए इससे अच्छा काम कोई और ना होता। पर वह तो ऐसा काम चाहते थे जहां ज्यादा से ज्यादा आदमियों से सम्पर्क स्थापित हो, ताकि जल्द से जल्द वह क्रांतिकारियों के सम्पर्क में आ सकें।

एक दिन दो आदमी मेरठ से उस होटल में भोजन करने आए जिस होटल में ऊधमसिंह काम करते थे। दोनों एक खाली मेज पर बैठ कर ऊधमसिंह को भोजन लाने का आदेश देकर बातों में मग्न हो गए। पानी रखकर ऊधमसिंह अन्य ग्राहकों की सेवा में खड़े थे तभी उन दोनों व्यक्तियों की बातें ऊधमसिंह के कानों में पड़ीं। दोनों की बातों का लक्ष्य जनरल डायर और पंजाब के गवर्नर माइकल ओ. डायर थे। यह बातें सुनकर सरदार ऊधमसिंह के कान खड़े हो गए।

उन दोनों व्यक्तियों में से एक बोला, "आपने सुना है जनरल डायर यहां से वापिस इंग्लैंड चले गए हैं जहां वे काफी दिनों से सख्त बीमार हैं। पंजाब के गवर्नर सर माइकल ओ. डायर भी रिटायर होकर लंदन चले गए हैं।" यह बात सुनकर सरदार ऊधमसिंह एकदम खड़े के खड़े रह गए। उनके पैरों के तले से जमीन निकल गई। उनकी भीष्म प्रतिज्ञा पूरी होते-होते रह गई। उस दिन सारी रात उन्हें नींद नहीं आई। सर माइकल ओ डायर, जनरल डायर और लॉर्ड जेट लैंड लंदन पहुंच चुके थे। अब इन तीनों को मौत के घाट उतारने की ऊधमसिंह की भीष्म प्रतिज्ञा बिना इंग्लैंड जाए पूरी हो नहीं सकती थी और इंग्लैंड जाना ना आज इतना आसान है और ना ही उस समय ही इतना आसान था। हजारों रुपए जहाज का किराया था।

इस बात ने ऊधमसिंह को बहुत ज्यादा बेचैन कर दिया। सारी रात सरदार ऊधमसिंह को बेचैनी के कारण नींद नहीं आई। सारी रात ऊधमसिंह बिस्तर पर करवटें बदलते रहे। फिर उन्हें अमर शहीद मदनलाल ढींगरा का कारनामा याद आया जिसने सर कर्जन वामली जो जहांगीर हॉल लंदनं में भीड़-भरे समारोह में मौत के घाट उतार दिया था।

उसी समय सरदार ऊधमसिंह ने एक और भीष्म प्रतिज्ञा कर डाली कि वह लंदन जाएंगे। जहां जलियांवाला बाग हत्याकाण्ड के इन तीनों दोषियों को मौत के घाट अवश्य उतारेंगे। इस दृढ़ निश्चय के बाद सरदार ऊधमसिंह नींद की गोद में जा पहुंचे।

पर सरदार ऊधमसिंह तो ज्यादा पढ़े-लिखे भी नहीं थे। जयचन्द शर्मा के सहयोग से प्रारम्भिक शिक्षा ही प्राप्ति कर पाए थे। उन्हें अंग्रेजी का पूरा-पूरा ज्ञान नहीं था। इस कारण सरदार ऊधमसिंह मेरठ छोड़कर तुरन्त फिर पंजाब वापिस लौट गए जहां से कई स्थानों पर रुकते हुए और कुछ काम धंधा करते हुए सरदार ऊधमसिंह लाहौर जा पहुंचे, जहां ईश्वर की कृपा से उनका धंधा चल निकला...। इसके अलावा वहां से सरदार ऊधमसिंह ने हाई स्कूल और इंटरमीडिएट की परीक्षाएं भी पास की लीं। व्यापार करते-करते सरदार ऊधमसिंह ने बहुत-सा धन इकट्ठा कर लिया।

परन्तु काफी प्रयत्नों के बाद धन इकट्ठा करने और उसे कंजूसी से बचाने के बावजूद, यह धन इतना ज्यादा नहीं था कि उससे इंग्लैंड की यात्रा की जा सके। इस सारी पढ़ाई और व्यापार करने में भी पूरे चार साल गुजर गए थे। पर इसके बावजूद भी इंग्लैंड जाना बहुत मुश्किल लग रहा था। जिसके कारण सरदार ऊधमसिंह की बेचैनी दिन-प्रतिदिन बढ़ती ही जा रही थी।

अचानक एक दिन सरदार ऊधमसिंह ने समाचारपत्रों में पढ़ा कि "अमृतसर के जलियांवाला बाग का हत्यारा ब्रिगेडियर जनरल ई.एच. डायर काफी लम्बी बीमारी के बाद सात साल बिस्तर पर बीमार पड़े-पड़े...लंदन में ही मर गया!"

सरदार ऊधमसिंह के हाथों से अखबार छूट गया, उनकी आंखों के सामने अंधेरा छा गया। जिस आदमी की जान लेने के लिए वह इतने साल भटकते रहे...। जगह-जगह छोटे-छोटे काम धंधे करके पैसे इकट्ठे करते रहे। वह

उनके बिना मारे ही मर गया...यह बात ऊधमसिंह को बुरी तरह साल रही थी।

इस दु:ख में सरदार ऊधमसिंह ने दो दिन खाना नहीं खाया...। एक रात उनका मन हुआ कि आत्महत्या कर लें...अब जिन्दा करने का क्या फायदा.. । अब जिन्दगी का क्या फायदा जब जीने का उद्देश्य ही समाप्त हो चुका था। पर यह विचार करते उन्हें ऐसा महसूस हुआ कि आत्महत्या करना तो महापाप है...क्यों ना जिंदा रहा जाए। अरे डायर मर गया तो क्या हो गया...। अभी सर माइकल ओ. डायर तो जिन्दा है...उसे मार कर भी अपनी प्रतिज्ञा पूरी की जा सकती है। आखिर उसी ने तो जनरल डायर को अंधाधुंध गोली चलाने का आदेश दिया था...इस आदेश को देने के बाद ओ. डायर ने ही अपने इस आदेश को सरासर उचित और आवश्यक भी ठहराया था। इसके बाद ओ. डायर ने पूरे संसार में जहां-जहां वह गया...जनरल डायर द्वारा किए गए नरसंहार की जी खोलकर प्रशंसा की। डायर के इस कार्य को माइकल ओ. डायर ने बहादुरी की संज्ञा दे डाली थी।

माइकल ओ. डायर, जनरल डायर की बहादुरी की प्रशंसा-मात्र करके ही संतुष्ट नहीं हुआ बल्कि लंदन पहुंचते ही उसने चंदा मांग कर हजारों पौंड इकट्ठे कर डाले व हजारों पौंड इनाम की शक्ल में उसने सार्वजनिक रूप से अभिनन्दन करके डायर को भेंट किए।

यह सब समाचार, ऊधमसिंह समाचार पत्रों में पढ़ चुके थे। उनकी निगाह में माईकल ओ डायर भी जनरल डायर की तरह ही दोषी था। उसका नाम हिटलिस्ट में बहुत ही अच्छी तरह लिखा गया था।

सरदार ऊधमसिंह को यह निश्चित रूप से लगने लगा कि बिना माइकल ओ. डायर की हत्या किए जलियांवाला बाग के शहीदों की आत्मा को शांति नहीं मिलेगी। उन्हें सद्गति नहीं प्राप्त होगी...।

पंजाब के भूतपूर्व गवर्नर सर माइकल डायर की हत्या के निश्चय मात्र से ही ऊधमसिंह के मन में शांति छा गई थी पर आर्थिक स्थिति ज्यों की त्यों थी। कई जगह प्रयत्न किया पर निराशा ही हाथ लगी। घूमते-घामते एक दिन हरिद्वार जा पहुंचे।

जहां एक ज्योतिषी को, गंगा किनारे, बैठे हुए, देखकर सरदार ऊधमसिंह से ना रहा गया...उन्होंने अपना हाथ उस ज्योतिषी के आगे पसार दिया...।

ज्योतिषी ने सरदार ऊधमसिंह का हाथ देखकर बतलाया कि..." वह चौंतीस वर्ष की अवस्था में विदेश जाएंगे...। और उनकी मनचाही इच्छा तभी पूरी होगी।" निराशा के गर्त में डूबे सरदार ऊधमसिंह को ज्योतिषी की यह भविष्यवाणी अमृतवाणी की तरह लगी...। वह बार-बार ज्योतिषी से अपने हाथ की रेखाओं को और स्पष्ट करने को कहते रहे...ज्योतिषी द्वारा बिल्कुल स्पष्ट रूप से चौंतीस वर्ष की अवस्था में ही विदेश यात्रा और मन की मुराद पूरी होने की बात कही। अब सरदार ऊधमसिंह को एक ही बात का इंतजार था, जल्दी से जल्दी चौंतीस वर्ष की आयु तक जा पहुंचने का...।

राम मुहम्मद सिंह आजाद

अब सरदार ऊधमसिंह को एक ही बात का इंतजार था कि जल्दी से जल्दी अब चौंतीस साल के हो जाएं और अपने मन की मुराद पूरी करें।

ज्यों-ज्यों वह तैंतीस वर्ष की अवस्था तक पहुंचे उन्हें ज्योतिषी की कही हुई बात याद आती जाती। विदेश जाने की प्रबल लालसा बढ़ती जाती...।

आखिर एक दिन एक अप्रवासी भारतीय से उनकी मुलाकात हो गई जो अफ्रीका में लकड़ी का व्यापार करता था और वहां से व्यापार के ही सिलसिले में भारत आया था। बातों ही बातों में उस अप्रवासी भारतीय व्यापारी ने सरदार ऊधमसिंह को यह बतलाया कि उसे एक ईमानदार, मेहनती आदमी की जरूरत है जो कि कोई हिन्दुस्तानी हो तो बहुत उत्तम रहेगा।

अंधा क्या चाहे दो आंखें...सरदार ऊधमसिंह को विदेश जाने का इतना सुनहरा और सुलभ अवसर प्राप्त हो रहा था। वह कैसे इसे छोड़ देते। उन्होंने तुरंत उस अप्रवासी भारतीय से यह प्रार्थना की कि वह उन्हें अपने साथ अफ्रीका ले चलें। वह ईमानदार भी है और मेहनती भी है। उनसे अधिक भरोसेमंद व्यक्ति उन्हें और कहां मिलेगा।

उस अप्रवासी की भी दिल में यही इच्छा थी। पर वह अपने-आप कहने में डर रहा था कि कहीं सरदार ऊधमसिंह मना ना कर बैठे।

पर सरदार ऊधमसिंह तो हर शर्त मानकर भी किसी तरह विदेश यात्रा करना चाहते थे...ताकि उनकी बहुत दिन से की गई भीष्म प्रतिज्ञा पूरी हो सके।

कुछ समय बाद सरदार ऊधमसिंह उस अप्रवासी भारतीय के साथ अफ्रीका रवाना हो गए जहां उस समय बहुत से भारतीय क्रांतिकारी रह रहे थे। अपनी यात्रा के दौरान पानी के जहाज में ही कुछ भारतीय क्रांतिकारिंयां से उनकी भेंट हो गई। सरदार ऊधमसिंह जल्दी इन क्रांतिकारियों के संपर्क में आ गए और दक्षिण अफ्रीका में रहकर भारतीय क्रांतिकारियों की पूरी तरह

मदद करने लगे। इसके साथ वह अंग्रेजों के खिलाफ जी भरकर प्रचार का कार्य करते...।

एक गुप्त रेडियो केन्द्र अफ्रीका में काम कर रहा था, जिसके जरिए भारत के क्रांतिकारी अपना मनचाहा प्रसारण करते-खबरें देते लेते और भारत की अंग्रेजी सरकार के खिलाफ मनचाहा कुप्रचार करते।

अफ्रीका में रहते-रहते और क्रांतिकारियों की सहायता करते-करते एक दिन एक जरूरी संदेश लेकर अमरीका रवाना हो गए...। अमरीका में भी उन दिनों बहुत से क्रांतिकारी सक्रिय थे-जो भारतमाता की गुलामी की जंजीरे तोड़ने के लिए अपनी ओर से ही कटिबद्ध थे। अमरीका में सरदार ऊधमसिंह ज्यादा दिन रह नहीं पाए। उनका उद्देश्य अमरीका पहुंच कर वहां से सीधे इंग्लैंड जाने का था।

पर अमरीका से भी उनका इंग्लैंड जाना कोई आसान नहीं था। यह बात अमरीका पहुंचकर, सरदार ऊधमसिंह को समझ में आ गई। अमरीका में कुछ दिन रहकर सरदार ऊधमसिंह ने फिर अंग्रेज सरकार के खिलाफ अपना प्रचार अभियान चलाया। इसके कुछ समय बाद वह फिर दक्षिण अफ्रीका लौट गए जहां से कुछ समय बाद वह दोबारा हिन्दुस्तान लौटकर अपने शहर अमृतसर जा पहुंचे और अमृतसर के घंटाघर के पास रहते हुए उन्होंने एक दुकान खोल डाली और अपना नाम राममुहम्मद सिंह आजाद रख लिया जो हिन्दू मुस्लिम सिख एकता का प्रतीक था। इस दुकान पर हमेशा भीड़ बनी रहती थी।

कुछ ही समय के बाद यह दुकान क्रांतिकारियों का सम्मिलन-स्थल बन गया। सारा कार्य ही अंग्रेज सरकार के खिलाफ चलने लगा।

यह दुकान क्रांतिकारियों का अड्डा बन गई। भगत सिंह, सुखदेव आदि इस दुकान के माध्यम से धीरे-धीरे सरदार ऊधमसिंह के संपर्क में आने लगे।

पंजाब केसरी लाला लाजपतराय, अमर शहीद स्वामी श्रद्धानंद, सरदार भगत सिंह भी इस दुकान पर आने-जाने लगे। इसके साथ स्वामी श्रद्धानंद जैसे आर्य नेता का भी स्नेह सरदार ऊधमसिंह को प्राप्त हुआ।

इन बड़े-बड़े नेताओं के संपर्क और स्नेह ने सरदार ऊधमसिंह को नई हिम्मत, प्रेरणा दी...। जिससे वह और ज्यादा इंग्लैंड जाने के लिए उतावले होने लगे।

सन् 1923 में एक बार फिर उसी लकड़ी के व्यापारी के साथ सरदार ऊधमसिंह दोबारा अमरीका गए। जहां ऊधमसिंह का कार्य और मेहनत से उक्त व्यापरी को कई गुना अधिक लाभ हुआ। जिससे प्रभावित होकर उस व्यापारी ने उन्हें अपना भागीदार बना लिया और लाभ का काफी बड़ा हिस्सा उसने सरदार ऊधमसिंह को दिया।

जिसका उपयोग सरदार ऊधमसिंह ने अमरीका में "आजाद पार्टी संगठन" बनाकर किया। जिसका उद्देश्य अप्रवासी भारतवासियों के बीच भारत की आजादी का प्रचार करना था। यहीं रहकर ऊधमसिंह ने अपना रिवॉल्वर चलाने का अभ्यास प्रारंभ किया जिसके साथ उनका जन्म जिन्दगी का साथ था।

तभी अचानक एक दिन नोट छापने की मशीन 'आजाद पार्टी संगठन' के कब्जे में आ गई। जिसको अपने तकनीकी स्वभाव के कारण सरदार ऊधमसिंह ने पूरा खोल डाला। इस मशीन को बनाने का उन्होंने बहुत अच्छा अभ्यास कर लिया। वह इस मशीन का कुछ उपयोग कर पाते कि भारत से सरदार भगतसिंह का बुलावा आ गया और सरदार ऊधमसिंह फिर वापिस भारत जा पहुंचे।

दो अमर शहीद जेल में

हिन्दुस्तान वापिस लौटकर सरदार ऊधमसिंह फिर क्रांतिकारी गतिविधि में सहयोग देने लगे। जिस कारण उनका बाहरी रूप अंग्रेज सरकार और पुलिस की निगाहों में चढ़ गए। जिसका नतीजा यह हुआ कि अब उनकी हर गतिविधि पर सी.आई.डी. व पुलिस की निगाहें पड़ने लगीं। हर समय सी.आई. डी. उनकी निगरानी करने लगीं। उनका हर पत्र, सरकार पहले ही खोल डालती। उनकी हरकत को बारीकी से परखा जाता।

आखिर में अंग्रेज सरकार ने, सन् 1928 के आसपास एक झूठे मुकदमे में जो शस्त्रसंहिता पर आधारित था में सरदार ऊधमसिंह को गिरफ्तार कर लिया और चंद दिन बाद झूठा मुकदमा चलाकर चार वर्ष का कठोर कारावास दे दिया गया। लाहौर में स्थित लाहौर स्पेशल जेल में भेज दिया। इस समय ही अमर शहीद सरदार भगत सिंह को भी पुलिस ने बम बनाने के कारण बंद कर दिया था। सरदार भगतसिंह को लाहौर की सैंट्रल जेल में बंद रखा गया था। कुछ इतिहासविदों के अनुसार लाहौर सैंट्रल जेल में ही सरदार भगत सिंह के साथ ही सरदार ऊधमसिंह को भी बंद रखा गया था एवं 23 मार्च 1931 के दिन तक, जिस दिन सरदार भगत सिंह को फांसी की सजा दी गई थी। वह घायल शेर की भांति पिंजरे में कैद थे। सन् 1932 में उन्हें मुलतान जेल में भेजा गया था जहां सन् 1933 में ही उन्हें रिहा किया गया। कुछ दिनों बाद उन्होंने अमृतसर में एक दुकान खोली जिस पर उनका नाम राममोहम्मद सिंह आजाद लिखा था।

सन् 1933 में जेल से रिहा होते ही कुछ दिन तक सरदार ऊधमसिंह एक सीधे-साधे नागरिक की तरह रहे। चुपचाप अपनी दुकान चलाते रहे।

फिर एक दिन उन्हें अचानक लगने लगा कि उनका जन्म इस तरह अपना जीवन काटने के लिए नहीं हुआ है। साधारणतया जीवन-यापन करना तो साधारण मनुष्यों का कार्य है। इस तरह जीते जी मर जाना शेरसिंह जैसे व्यक्ति

का कार्य नहीं है। शेरसिंह जैसे जिस़ व्यक्ति के मां बाप, बचपन में ही भगवान को प्यारे हो गए थे। पूरा बचपन अनाथ आश्रम में बीता। जहां बहुत मेहनत करने के कारण उनका नाम शेरसिंह से ऊधमसिंह पड़ा जो आगे चलकर ऊधमसिंह हो गया।

यही ऊधमसिंह जिसका बचपन से लेकर यौवन तक का हिस्सा ऊधम करके बीता था। वह इस तरह साधारण जीवन बिताए। जीवन-यापन करके पेट पालना तो साधारण मानव का स्वभाव था। पर सरदार ऊधमसिंह तो असाधारण मानव थे।

एक दिन उन्हें कहीं से जाली पासपोर्ट बनवाने का सूत्र मिला। सरदार ऊधमसिंह ने तुरंत अपना एक जाली पासपोर्ट बनवाया। अपनी सारी जमापूंजी इकट्ठी की...और रातों-रात यूरोप रवाना हो गए। जहां सबसे पहला पड़ाव जर्मनी में डाला...। फिर कुछ दिन रहकर रूस चले गए। रूस के विभिन्न प्रांतों में घूमते रहे। इसके बाद फिर लौटकर जर्मनी आ गए जहां से अबकी उन्होंने अपना अस्थाई स्थान जर्मनी का सुप्रसिद्ध शहर बर्लिन बनाया।

पर बर्लिन में रहकर कुछ दिन कामकाज करने के बाद अब इंग्लैंड पहुंचने का निश्चय कर लिया।

आखिर इच्छा पूरी हुई

होनहार युवकों को कौन रोक पाता है...कौन रोक पाया है इन्द्रधनुष बांहों में...कौन रोक पाया है समुन्दर बीच राहों में...। इसी तरह अपनी भीष्म प्रतिज्ञा पर कटिबद्ध इस होनहार युवक को कौन रोक पाता जिसका नाम ही ऊधमसिंह था।

सन् 1933 के किसी माह में सरदार ऊधमसिंह लंदन जा पहुंचे। अपनी दिली इच्छा मन में छिपाकर उन्होंने एक इंजीनियरिंग कॉलज में एडमीशन ले लिया। उन्होंने लंदन में अपना नाम उदेसिंह रख लिया।

कुछ दिन तक उदेसिंह बन गए और कुछ दिन बाद अपना नाम फ्रेंकवर्जिल रखकर फ्रांसीसी नागरिक की भांति जीवन-यापन करने लगे। हिन्दुस्तानियों के लिए हमेशा उनका एक ही नाम था...राम मोहम्मद सिंह आजाद।

जलियांवाला बाग की वह खूनी घटना, वह आज तक नहीं भूले थे। जिस कारण उनका खून उबलने लगता था। आखिर एक दिन उनके हाथ एक पिस्तौल लग गई। गोली चलाने और निशाना लगाने का प्रशिक्षण वह काफी समय पूर्व ले ही चुके थे। अब सरदार ऊधमसिंह रोज पिस्तौल साफ करते व मौका तलाशने लगे कि कब लॉर्ड जेट लेण्ड और सर ओ. डायर एक साथ मिलें और वह उनका काम तमाम कर डालें।

एक रास्ता और भी यह था जब मौका हो तब लॉर्ड जेड लैंड और सर माइकल ओ. डायर के घर के अन्दर घुसकर जान से मार डाला जाए। पर सरदार ऊधमसिंह को यह कार्य बहुत ज्यादा अनैतिक लगा और चोरों जैसा लगा।

उन दिनों सर माइकल ओ. डायर हिन्दुस्तानी विरोधियों में अपने आपको प्रथम पंक्ति में समझने लगे थे। वह हर सभा में जाते और हिन्दुस्तानियों के खिलाफ जबरदस्त जहर उगलते।

प्रतीक्षारत रहते हुए सरदार ऊधमसिंह ने तय कर लिया था कि किसी सार्वजनिक स्थान पर माइकल ओ. डायर को मौत की सजा दी जाए।

अवसर की तलाश में रहते हुए सरदार ऊधमसिंह को लंदन में रहते हुए सात साल हो गए। 1940 का साल आ गया। सरदार ऊधमसिंह बराबर सर माइकल ओ. डायर का पीछा करते रहे।

आखिर इन्तजार का वक्त समाप्त हो गया। लंदन के अखबारों में समाचार छपा कि 13 मार्च 1940 को लंदन के कैक्सटन हॉल में रॉयल सैंट्रल एशियन सोसाइटी और ईस्ट इण्डिया एसोसिएशन सोसाइटी द्वारा अफगानिस्तान के सम्बन्ध में एक सेमिनार का आयोजन किया गया है जिसमें लॉर्ड जेट लेण्ड और सर माइकल ओ. डायर भाषण देंगे।

सर माईकल ओ. डायर और ब्रिगेडियर जनरल सर पी. सेक्स पूर्वी देशों के विशेषज्ञों के तौर पर इस सभा में उपस्थित होने वाले थे।

सरदार ऊधमसिंह को यह अवसर एक स्वर्ण अवसर की तरह लगा। उन्होंने उसी दिन लॉर्ड जेट लेण्ड व सर माइकल ओ. डायर को मौत के घाट उतारने का निश्चय कर डाला।

सारी रात वह भरपूर नींद सोये। सुबह जब उठे तो तरोताजा थे। बहुत प्रसन्नचित्त थे।

लंदन के कैक्स्टन हॉल में सन् 1940 के 13 मार्च को बहुत अधिक भीड़ इकट्ठी हो गई। उन दिनों सर माइकल ओ. डायर के भारत विरोधी भाषणों की बहुत धूम थी।

नियत समय पर लॉर्ड जेट लेण्ड, सर माइकल ओ. डायर और ब्रिगेडियर जनरल सर पी सेक्स कैक्सटन हॉल में आ गए। सरदार ऊधमसिंह एक वकील की वेशभूषा में नियत समय में कैक्स्टन हॉल में आए, उनके बाएं हाथ में कानून की मोटी-मोटी पुस्तकें थीं। इन पुस्तकों के बीच ही उनकी पिस्तौल थी जो पूरी तरह से कारतूसों से लैस थी। सरदार ऊधमसिंह सामने की पांच छह पंक्तियों में बैठ गए। सरदार ऊधमसिंह पूरी तरह शांत मुद्रा में थे। किसी प्रकार की उत्तेजना उनके चेहरे पर लक्षित नहीं हो पा रही थी।

लॉर्ड सर जेटलेण्ड इस सेमिनार के अध्यक्ष थे। उन्होंने इस सेमिनार का विधिवत उद्‌घाटन किया और औपचारिक रूप से चार-पांच मिनट बोलकर अपने स्थान पर जा बैठे। इसके बाद सर माइकल ओ. डायर को बोलने के लिए आमंत्रित किया गया।

सर माइकल ओ. डायर मंच पर आए और उन्होंने अपना भाषण प्रारम्भ किया। भाषण का विषय अफगानिस्तान था। जिस पर से बोलते-बोलते अचानक सर माइकल ओ. डायर हट गए...और धीरे-धीरे भारत विरोध के अपने प्रिय विषय पर आ गए। भारत विरोधी भाषण देते हुए-सर माइकल ओ. डायर बहुत ही जोश में आ गए और कहने लगे कि अंग्रेजी शासन को अपनी भारत विरोधी नीति और कड़ी कर देनी चाहिए. . . .। भारत की जनता को बुरी तरह कुचल देना चाहिए। ब्रिटिश शासन को अपनी नीति और कड़ी कर देनी चाहिए...। इस तरह सर माइकल ओ. डायर अपनी आदत के अनुसार भारत के खिलाफ पूरी तरह जहर उगलते रहे।

अपना भाषण समाप्त कर सर माइकल ओ. डायर धन्यवाद देने के लिए ब्रिगेडियर जनरल सर पी. सेक्स की ओर मुड़े...।

तभी सामने की पंक्तियों में, पांच-छह पंक्ति दूर बैठे, वकील की पोशाक में सुसज्जित सरदार ऊधमसिंह उठे...उन्होंने अपने हाथ में थमी कानून की किताबों के बीच में से भरी हुई पिस्तौल निकाली...और सर माइकल ओ. डायर की ओर तानकर...ट्रिगर दबा दिया...। धांय, धांय करते-करते तीन गोलियों ने सर माइकल ओ. डायर के प्राण-पखेरू ले लिए।

इसके बाद भी सर ऊधमसिंह की पिस्तौल से उंगली नहीं हटी...उनका अगला निशाना लॉर्ड जेटलैण्ड, लॉर्ड लिमेंटन, सर ले ड्‌यूसन को भी गोलियां लगीं। सरदार ऊधमसिंह अपनी पूरी पिस्तौल खाली करके ही माने। उस समय भी वह पूरी तरह शांत थे...। उस समय केवल शाम के साढ़े चार ही बजे थे।

सारे हॉल में सन्नाटा छा गया, बाद में होश आते ही कई व्यक्ति इधर से उधर भागने लगे। उधमसिंह चाहते तो आराम से भाग सकते थे...पर उन्होंने उतनी ही हिम्मत से कहा...मैंने माइकल ओ. डायर को मार दिया है...अब किसी को भागने की और डरने की जरूरत नहीं है।

कुछ व्यक्तियों के अनुसार सरदार ऊधमसिंह ने इसके बाद अपने आपको पुलिस के हवाले कर दिया। पर कुछ व्यक्तियों के अनुसार इस वक्तव्य के बाद सरदार ऊधमसिंह ने निडर होकर पिस्तौल हाथ में ही लिए सीधे दरवाजे के सामने से निकलने लगे...तभी एक अंग्रेज महिला ने आगे बढ़कर उनका रास्ता रोकने की कोशिश की। ऊधमसिंह तुरन्त रुक गए व उन्होंने अपनी पिस्तौल वहीं फेंक दी और शांत भाव से खड़े हो गए। तब अंग्रेजी हवाई सेना के एक सार्जेंट क्लाइवटी ने उनका रास्ता रोककर ही तुरन्त गिरफ्तार कर लिया. ..थोड़ी देर में ही ब्रिटिश पुलिस आ गई और सरदार ऊधमसिंह हंसी-खुशी पुलिस के साथ चले गए।

मुकदमा

अमर शहीद सरदार ऊधमसिंह द्वारा, जलियांवाला बाग हत्याकांड के प्रमुख हत्यारे सर माइकल ओ. डायर को गोली से उड़ाए जाने का समाचार पूरी दुनिया में बिजली की तरह फैल गया।

सारे भारत में खुशी और उत्साह की लहर-सी फैल गई। जनता रातों-रात अपने घर से बाहर आकर खुशी से नाचने लगी व गाने लगी। इतने सालों बाद आखिर यह हत्यारा मारा गया था।

दूसरे दिन सारे संसार के समाचार पत्रों में इस घटना का पूरा वर्णन प्रकाशित हुआ। जर्मनी की तत्कालीन सरकार ने अंग्रेज सरकार की, भारत में किए जा रहे अत्याचारों की कड़ी निंदा की और ऊधमसिंह के इस कार्य को उचित ठहराया। कई उदारवादी अंग्रेजों ने भी ऊधमसिंह के इस कार्य को उचित ठहराया। अमर शहीद ऊधमसिंह जेल में भी बहुत प्रसन्नचित्त थे। उनको भविष्य का जरा भी ख्याल नहीं था। बल्कि इस बात पर बहुत ज्यादा संतोष था कि उन्होंने अपनी वर्षों की प्रतिज्ञा पूरी कर ली।

एक दिन जेल में वह अंग्रेज महिला उनसे मिलने आई जिसने कैक्स्टन हॉल में गोलियां चलाने के बाद सरदार ऊधमसिंह को हाथ बढ़ाकर रोका था।

सरदार ऊधमसिंह ने उठकर उस महिला का स्वागत किया...। बातों ही बातों में उस महिला ने पूछा आपने मुझे अपना रास्ता रोकने पर गोली क्यों नहीं मार दी...। उस जगह आपने अपनी पिस्तौल फेंक दी।

सरदार ऊधमसिंह का जवाब था...स्त्रियों, बच्चों, निरपराध आबाल वृद्धों और निहत्थों पर गोलियां अत्याचारी अंग्रेज ही चला सकते हैं। हिन्दुस्तान की आर्य संस्कृति स्त्री जाति पर वार करने की आज्ञा नहीं देती है। इसलिए मैंने आप पर गोली नहीं चलाई थी। अन्यथा आपको भी मारने लायक गोलियां मेरी पिस्तौल में थीं। मैं आपको भी गोली मारकर वहां से निकल सकता था। पर मेरा कार्य पूरा हो चुका था। मैंने मां भारती के उन बेगुनाह सपूतों पर अंग्रेजों

द्वारा किए अत्याचारों का बदला लेने के लिए ओ. डायर की हत्या की थी। जलियांवाला बाग के शहीदों का तर्पण मैंने कर लिया है। अब मैं इस संसार में रहूं या न रहूं मुझे इस बात का कोई रंज नहीं है। वह अंग्रेज महिला सरदार ऊधमसिंह के इस उत्तर से बहुत ज्यादा प्रभावित हुई। उनकी जवांमर्दी व स्त्री जाति के प्रति उनकी सम्मान की अनोखी भावना ने उस महिला को अन्दर तक हिला दिया। उसकी आंखों से आंसू बहने लगे। भरा हुआ हृदय और ऊधमसिंह के प्रति अनोखे सम्मान की भावना के साथ वह अपने घर लौटी। एक अंग्रेज महिला द्वारा एक काले हिन्दुस्तानी के लिए स्नेह और सम्मान की यह भावना उल्लेखनीय विषय है। सच बात्त यह है कि सम्मान व स्नेह, जाति, धर्म व संप्रदाय और देश और परदेश सबसे सर्वोपरि है।

2 अप्रैल 1940 को ही सरदार ऊधमसिंह को लंदन की एक अदालत के सामने पेश किया गया, उनके वकील श्री वी.के. कृष्ण मेनन थे...। सरदार ऊधमसिंह प्रसन्नचित्त थे।

सरदार ऊधमसिंह ने अदालत के सामने कहा..."वह शासक अत्याचारी है जो अपनी इच्छा के अतिरिक्त कोई नियम कानून नहीं जानता।

मैंने अंग्रेजों के शासन के नालदार जूतों के नीचे अपने देशवासियों को कुचलते जाते देखा है। मैंने उसका विरोध अपने ढंग से नहीं किया है। जो कुछ मैंने किया है उसका कोई दुःख मुझे नहीं है। मेरे मन में इस बात के लिए जरा भी भय नहीं है कि आप मुझे फांसी देंगे या क्षमा देंगे। मौत का भय तो मेरे मन से उस समय ही हट गया था जब बीस वर्ष पूर्व जलियांवाला बाग में हजारों बेगुनाह भारतवासियों को शहीद होते देखा था। बुढ़ापे तक लड़खड़ाते हुए जीने का कोई अर्थ नहीं होता है। अपनी मातृभूमि के लिए जवानी में ही मर जाना कहीं बेहतर है। आज मैं बहुत खुश हूं क्योंकि मेरा बीस साल पुराना प्रण पूरा हो गया है। भारतवासी अब जाग चुके हैं। अंग्रेजों को ही भारत भूमि से हटना पड़ेगा। मैं अंग्रेजों की इस अदालत से किसी प्रकार की दया या कृपा नहीं चाहता हूं। तुम जितना कठोर दण्ड दे सकते हो दो, मैं हंसते हुए हर्ष के साथ उसे स्वीकार करूंगा।

मैं जानता हूं कि अंग्रेज मुझे फांसी की सजा देंगे। पर यह सोच मुझे हंसी आती है। क्योंकि अंग्रेजों ने लाखों नौजवान बेगुनाह भारतवासियों को मारा है।

लेकिन इस मारने वाले अंग्रेजों को फांसी नहीं दी गई। मैंने एक ऐसे बूढ़े अंग्रेज को मारा है जिसने मेरे देश के सैकड़ों नौजवान बच्चों को बेगुनाह मरवा दिया। उसने और उसके साथियों ने इन हत्याओं के लिए जीवन में कभी माफी नहीं मांगी। अंग्रेजों ने ऐसे हत्यारों को एक मिनट की भी सजा नहीं दी बल्कि उनके राक्षसी काम की तारीफ की गई, उन्हें इनाम दिए गए, विशेष पेंशन दी गई। यह कारनामा बड़ी ही न्यायप्रिय प्रबुद्ध अंग्रेज जाति का है। यह कितना बड़ा अंधेर है, कितना बड़ा जुल्म है, किस प्रकार का विचित्र न्याय है।

देश के लिए जवानी में मर जाना बहुत अच्छा है। मैं भारतमाता के माथे पर लगे कलंक को धोकर अपने लक्ष्य की पूर्ति कर चुका हूं। मैं इसे अपना सौभाग्य मानता हूं। मेरा शरीर इस देश की मिट्टी से बना है। इसलिए इस पर अपनी जान कुर्बान कर मैं बहुत प्रसन्न हूं। मुझे बहुत ही गर्व है। मेरे नाम के साथ रहम शब्द का प्रयोग करना भारत की इज्जत और हमारी कौम पर कलंक है। मेरे जीवन का लक्ष्य है-क्रांति, वह क्रांति जो मेरे प्यारे देश को आजादी दिला सके। मेरे देशवासियों, अपने प्यारे वतन में अपनी आजादी के लिए आखिरी दम तक संघर्ष करना। कोई विदेशी ताकत मेरे देश को कभी गुलाम ना बना सके।

मैंने यह हत्या इसलिए की है कि मुझे इस इंसान से सख्त नफरत है। उसे जो सजा मिली वह इसी काबिल था। मैं जवान मौत मरना चाहता हूं, बूढ़ा होकर या अपाहिज होकर मरने से क्या लाभ है। क्या लॉर्ड जेटलैंड भी मर गए हैं। उनको भी जरूर मरना चाहिए। मैंने उनके शरीर में सीधी गोलियां चलाई थीं।"

न्यायाधीश द्वारा नाम पूछे जाने पर ऊधमसिंह ने जवाब दिया-"मेरा नाम ऊधमसिंह नहीं है। मेरा नाम राम मोहम्मद सिंह आजाद है। राम शब्द का प्रयोग हिन्दू के लिए, मोहम्मद का मुसलमान के लिए, सिंह सिख के लिए, आजाद अपने देश के लिए।"

ऊधमसिंह ने अदालत के सामने आगे कहा कि...मैं किसी भी प्रकार की सजा भुगतने के लिए तैयार हूं। चाहे वह सजा 10 वर्ष की हो चाहे 20 वर्ष या 50 साल की या फिर सजा-ए-मौत ही क्यों ना हो।

इंग्लैंड की पुरानी बेरी कोर्ट (ओल्ड बेरी कोर्ट) ने सरदार ऊधमसिंह को

मृत्युदंड की सजा दे डाली। इसी अदालत ने 31 वर्ष पूर्व अमर क्रांतिकारी मदनलाल ढींगरा को फांसी की सजा दी थी, जिन्होंने सर कर्जन वामली की हत्या इसी प्रकार खुले आम बहादुरी से की थी। उसी से प्रेरणा पाकर सरदार ऊधमसिंह ने यह कंटक़पूर्ण मार्ग अपनाया था।

जेल से फांसी तक

सरदार ऊधमसिंह को फांसी की तिथि निश्चित होने तक के लिए लंदन की ब्रिक्सटन जेल में कैद कर दिया गया।

जेल के बाहर, हिन्दुस्तान में और अन्य स्थानों पर उन्हें छोड़ जाने के लिए आंदोलन होने लगे। कानूनी तौर पर, सरदार ऊधमसिंह को जेल से और सजा से मुक्त कराने के प्रयास होने लगे, जिसका ज़िक्र संसार के सारे अखबारों में होने लगा।

सरदार ऊधमसिंह को जब सजा माफ कराने की कोशिशों का पता चला तो उन्होंने अपने मित्रों को पत्र लिखा...कि उन्हें सजा से बचाने के लिए धन व्यर्थ ना किया जाए। बल्कि उन्हें हिन्दी, उर्दू और पंजाबी की कुछ पुस्तकें भेज दी जाएं। जो साहित्य इतिहास से संबंधित हो तो अति उत्तम होगा।

जेल में सरदार ऊधमसिंह को कोई कैदी कह कर पुकारता तो वह भड़क जाते...। सरदार ऊधमसिंह कहते...मैं इस जेल में कैदी नहीं हूं...बल्कि मैं ब्रिटेन की रानी विक्टोरिया का शाही मेहमान हूं। वह मेरे आराम का बहुत ख्याल रखती हैं। 15 मार्च 1940 को अपने एक मित्र को लिखे पत्र में उन्होंने स्पष्ट लिखा...मैं यहां एक कैदी नहीं हूं। मैं तो इंग्लैंड की महारानी का शाही मेहमान हूं। कृपा कर मुझे यहां व्यस्त रखने के लिए कुछ किताबें शीघ्र भेज दें। मेरे पास यहां समय है और जिस जेल में मुझको कैद किया गया है वह बहुत ही आरामदायक है। लेकिन मैं इससे भी किसी अधिक आरामदायक स्थान की तलाश में हूं। यदि आपको सुविधा हो तो मेरी कही गई किताबें शीघ्र भिजवाने का कष्ट करें। किताबें उर्दू और गुरुमुखी में हों। धार्मिक विषयों पर कोई पुस्तके ना हों। पुस्तकें शीघ्र ही डाक से भेज दें। मैं धार्मिक पुस्तकों पर विश्वास नहीं करता हूं। मुझे पक्का विश्वास था कि सरदार मोहनसिंह से कुछ किताबें अवश्य मिल जाएंगी। पर वह इंग्लैंड से वापिस चले गए हैं। उनकी जगह कौन-सा ग्रन्थी यहां आया है इसका मुझे पता नहीं है।

मेरे लिए यहां काफी अच्छी सुरक्षा व्यवस्था है। बहुत से अंगरक्षक मुझे मिले हुए हैं। मेरी अच्छी देखभाल यहां की जा रही है। मुझे पक्का विश्वास है और मेरी यह इच्छा भी है कि मैं इस मृत्युदंड के बाद शीघ्र जन्म लूं। पर तब तुम सब लोग काफी बूढ़े हो चुके होगे। मैंने काफी इन्तजार के बाद यह फल पाया है। मैं अपना पत्र हिन्दुस्तानी में इसलिए लिख रहा हूं ताकि आप मेरी जरूरतें अच्छी तरह समझ जाएं। किताबों के अलावा कुछ भारतीय अखबार भी मिल जाएं तो बहुत बेहतर है।

पत्र के अन्त में दर्ज था कि...एक सज्जन मुझे यहां रोज देखने आते हैं। वे भारत के किसी सांस्कृतिक दल के प्रमुख हैं और मेरा विश्वास ईसाई धर्म की ओर मोड़ना चाहते हैं। मुझे पक्का पता है कि वह अपना समय व्यर्थ नष्ट कर रहे हैं। मैंने यहां की एक मस्जिद के मौलवी को पत्र लिखकर कुरान की एक प्रति मंगवाई है। मैं कुरान का अध्ययन करना चाहता हूं। पर मुझे कुरान की प्रति प्राप्त होगी या नहीं इसका मुझे विश्वास नहीं है। मैं इसका कभी बुरा नहीं मानूंगा, मैं तो आज भी राम मुहम्मद सिंह हूं।

ऊधमसिंह को ब्रिक्स्टन जेल में कैदी नं. 1010 के रूप में पहचाना जाता था। 31 मार्च 1940 को जोहालसिंह को उन्होंने एक पत्र लिखा...मैं आपको पुस्तकें वापिस लौटा रहा हूं। आपकी बड़ी कृपा रही जो आपने ये पुस्तकें मुझे वापिस भेजीं। इन किताबों के सहारे मेरे दिन अच्छी प्रकार कट गए। क्या आप मुझे कुछ और पुस्तकें भेजने का कष्ट उठाएंगे। मेरा वजन यहां आकर 5 पौंड बढ़ गया है। मुझे यह भी ज्ञात है कि बहुत से भारतीय मेरे खिलाफ हैं पर मुझे इस बात की कतई परवाह नहीं है। मैं इस बात से जरा भी गमगीन नहीं हूं कि फांसी का फंदा मेरा इन्तजार कर रहा है। मुझे इस बात का जरा भी गम नहीं है कि मैं जल्दी ही मर जाऊंगा। मैं तो फांसी के फंदे से अपना ब्याह रचाऊंगा। मैं तो अपने देश की स्वतंत्रता के लिए लड़ने वाला एक अदना-सा सैनिक हूं।

अपने मित्र शहीद भगतसिंह का हवाला देते हुए...सरदार ऊधमसिंह ने आगे कहा...करीब 10 साल पूर्व मेरे मित्र मुझसे बिछड़ गए थे! और मुझे पूरा विश्वास है कि मौत के बाद मेरी उनसे मुलाकात होगी। वे वहां इंतजार कर

रहे होंगे। वह 23 मार्च का दिन था, मुझे विश्वास है...मुझे भी इसी तारीख पर फांसी पर लटकाया जाएगा।

इस पत्र में भी उन्होंने अपनी सजा माफ करने वाले मित्रों को इस काम से रोका...व आगे लिखा...यदि आपको पता चल जाए, तो मेरी मदद करने वाले इन व्यक्तियों को वैसा करने से मना कर दें। मुझे बड़ी ही प्रसन्नता होगी कि इस धनराशि का उपयोग मुझे बचाने की बजाए भारत में शिक्षा प्रचार के लिए किया जाएगा।

अपने अन्तिम पत्र में ऊधमसिंह ने शिकायत की थी कि उनके मित्रों द्वारा जो पुस्तकें उन्हें भेजी गई वे पुस्तकें जेल के अधीक्षक द्वारा उन्हें नहीं दी गई। ऊधमसिंह के शब्दों में...जेल का अधीक्षक बहुत सख्त आदमी है। हर पांचवे मिनट में उनका दिमाग बदल जाता है। उसने तमाम कैदियों को अपनी धार्मिक पुस्तकें पढ़ने की अनुमति दी हुई है। वे चर्च भी जाते हैं। लेकिन अंग्रेजों की इस जेल में मैं पहला आदमी हूं। जिसके साथ बुरा सलूक किया जाता है। मुझे मालूम है कि वह मुझसे सख्त नफरत करता है। लेकिन उनकी परवाह कौन करता है। मैंने इन जैसे शरीफ आदमी बहुत देखे हैं। मैं यह जानता हूं कि धार्मिक पुस्तकें बिना स्नान किए नहीं पढ़नी चाहिए। यहां तो मुझे 10 दिन बाद स्नान करने की सुविधा दी जाती है। मुझे अत्यन्त खेद है कि मैंने व्यर्थ आपको पुस्तकें भेजने के लिए लिखा...और डाक में इतना पैसा व्यर्थ गया। मैं अदालत से यह पूछूंगा कि क्या ऐसी धार्मिक पुस्तकें जेल में पढ़ना अपराध है।

ब्रिक्स्टन जेल से सरदार ऊधमसिंह को पेन्टोनिविले जेल भेजा गया। जहां उन्हें 31 जुलाई 1940 को फांसी देने का निर्णय दिया गया।

31 जुलाई 1940 को ऊधमसिंह को फांसी के फंदे तक लाया गया। सरदार ऊधमसिंह नहा-धोकर वेद मंत्रों का उच्चारण करते हुए... फांसी के फंदे तक आए। वेद मंत्रों का उच्चारण करते हुए...सरदार ऊधमसिंह ने अपने गले में फांसी का फंदा डाला और अपने प्राण त्यागते समय उनके मुंह से ओम शान्ति, ओम शान्ति का जाप निकल रहा था।

सरदार ऊधमसिंह का शव भी इंग्लैंड में ही गुप्त रूप से कहीं दफना दिया गया। पंजाब सरकार और केन्द्रीय सरकार के संयुक्त प्रयासों से शहीद

उधमसिंह के अवशेष 1974 में 19 जुलाई को लाए गए। जो दिल्ली से चंडीगढ़ होते हुए सुनाम जा पहुंचे। वहां 31 जुलाई 1974 को सुनाम से हरिद्वार ले जाए गए। जहां उन्हें गंगा को समर्पित कर दिया गया। 24 साल बाद शहीद सरदार ऊधमसिंह को अपने देश की मिट्टी का और पवित्र जन्मभूमि का स्पर्श प्राप्त हुआ।